鎌倉殿と13人の合議制

本郷和人
Hongo Kazuto

河出新書
045

はじめに

本書は「はじめに」として、少し学術的な話をします。学術的な話というのは、面白さを追い求める新書の叙述とは違って、どうしても重箱の隅をつつくようなものになります。ですから、面倒な説明はパス、という方は読まずにスキップしてください。本文からお読みいただければそれで十分です。

……とお断りしたところで、では、細かな話を進めましょう。建久十(一一九九)年正月十三日、武家の世を切り開いたリーダー、源頼朝が世を去りました。脳に何らかの不具合が生じたための突然の死と考えられ、格別な遺言はありませんでした。頼朝は御家人たちと共有するさまざまな場面で、嫡男の頼家を後継者として扱っていました。そのため、鎌倉武士たちの主人としての地位には、頼家が何らの問題なく、座することになりました。

源頼家はすぐさま(正月二十日)、朝廷から左中将に任じられました。肝心の征夷大将軍に任命されたのは、建仁二(一二〇二)年七月二十二日のことでした。ですから、頼朝を継いだ頃の頼家は、厳密には「将軍」ではありません。ですが、これはすでに他の著作物で詳述している通り、「将軍職」自体には実は固有の権限は付随していません。頼朝は軍事の統括者としての立場を表現する職位の授与を朝廷に求め、朝廷は快く「縁起の良さ」を重視して同職を頼朝に与えた、というのが事の経緯です。征夷大将軍はやがて第一の武人を意味する職位となりますが、それは初めは中身のない、あくまでシンボリックなものだったのです。だから言うまでもないことですが、源氏でなければ将軍にはなれない、などということはありませんでした（坂上田村麻呂は源氏ではありません）し、天下人である豊臣秀吉が、源氏の生まれではないので将軍になれなかった、というが如き認識は誤りです。

しかしながら、いかに将軍職が象徴的なものだったにせよ、いまだ征夷大将軍に任じられていない頼朝、頼家を「将軍」と呼ぶのも奇妙な話です。そこで研究者たちは、関東武士たちの主人（実質が伴うか、名ばかりかは問わない）である源氏三代、それに続く摂関家の二人、さらにその後の四人の親王たちを、「鎌倉殿」と表現します。下文《くだしぶみ》・下知状という幕府でもっとも重要な文書には「鎌倉殿の仰せによりて〜」との文言が使われ、建前としては鎌倉殿の意志のもとに作成されていることを考慮しての呼称です。

さて、頼家は新しい「鎌倉殿」になったわけですが、四月十二日、訴訟を直接に裁断することを禁じられてしまいました。彼の代わりに有力者13人の合議が裁決をすることになったのです。理由として、『吾妻鏡』は、頼家が従来の慣例を無視して、恣意的な判断を行ったと記しています。

しかし、これはまことに妙な話です。というのは、本文にも記しましたが、御家人の主人に期待される行為は、「決める」ことに他ならないのです。訴訟の代表というと領地争いですが、現代でも「領土の争いを終わらせるには、戦争するしかない」といわれることがあるように、両者に引くに引けない言い分があるものです。両方が納得するような裁定などは、初めから望むべくもありません。それでも「何らかの決定」が必要だったので、関東の武士たちは将軍権力を創設したのです。にもかかわらず、御家人たちは早々に頼家を見放しました。

頼家が箸にも棒にもかからぬほど愚かであったなら、父の頼朝は彼を後継者にしたでしょうか。私はそうは思いません。確かに頼朝は二十年を配所で過ごした苦労人だっただけに、御家人の気持ちをよくくみ取れる人物であったでしょう。ですが頼家も、取り立てて賢くはないにせよ、ごく普通の青年だったのではないでしょうか。その彼から権限を奪ったのは、御家人たちの側の積極的な働きかけ、と考えるべきではないでしょうか。

では、御家人たちはいかなる思惑があって、行動を起こしたのか。御家人たち、というが、かかる動向の中心にいたのは具体的に誰だったのか。本書はそれを考察するものです。

嘉禄元（一二二五）年、執権北条泰時は「評定衆」という組織を設置しました。幕府の重臣がこれに任じられ、彼らの合議が幕府の意思を決定しました。このため、13人の合議制は、評定衆たちの話し合いの前身である、と見なされることがあります。イメージとしては誤りではないだろう、と思います。では逆に、13人の合議制は、何を参考に生み出されたのでしょうか。

文治元（一一八五）年、源頼朝は盟友の九条兼実（当時、右大臣）とともに、朝廷に「議奏公卿」を設置しました。これに任じられた貴族は、兼実をはじめとして十人。その活動内容を示す具体的な史料はあまり残されていませんが、強力な院政を展開する後白河上皇を掣肘《せいちゅう》する役目を託されていたことは疑いありません。頼朝は彼らに書状を送り、「上皇の決定が下されたことであっても、それが世のためにならないと判断したならば、再三覆奏して、上皇に翻意を促すべきである」としています（『吾妻鏡』）。

決定権を持つ存在への異議申し立て。頼朝の意図はそういうことであったでしょうし、頼朝のブレーンを務めた大江広元らはそれをよく理解していたことでしょう。となると、誰かが広元らに相談し、「議奏公卿」を模倣するかたちで、鎌倉殿が本来持つ強力な権限を押さえ込むべく、13人の合議制が形作られたのではないでしょうか。そんな気がしてなりません。

13人の合議制がどのように行われたのか。『吾妻鏡』に具体的な叙述はありません。そのため、どういう活動をしていたのか、私たちは知ることができません。名前だけの存在で、研究対象にならないのでは？と主張する研究者もいます。

正治元（一一九九）年、13人の一人、梶原景時が失脚しました。正治二（一二〇〇）年には安達盛長と三浦義澄が病死しました。このときに新しいメンバーが補充されたかというと、そうした形跡は見えません。そうなると、名前だけだった、という説にも説得力が出てくるのですが、今のところ私はそうは考えていません。合議制を生み出した張本人である「誰か」、まあもうお分かりだろうから名前を出してしまうと北条時政は、この組織を操りながら自らの勢力基盤をじわじわと固めていったのではないでしょうか。そして建仁三（一二〇三）年に頼家政権が崩壊し、北条家と結びつきの深い源実朝が鎌倉殿に立つと、時政は執権としてその補佐に当たることになります。とすると、13人の権限がひとつにまとめられて執権という役職が生まれた。13人が時政一人に凝縮された、と捉えられるのではないでしょうか。

こうした見方をしているため、細かなことを言うと、先の「13人の合議制は評定衆の前身」説に、私は若干の疑いをもたざるを得ません。13人の合議制は、ひとつになったなら幕府の執権、あるいは朝廷の摂政・関白として捉えられる。これに対して評定衆はどこまで行っても諮問機関にすぎません。朝廷は幕府の評定衆よりも少し遅れて、同じ名前で、有能な実務公卿が主体となる「評定衆」を設置します。それはやはり、上皇の諮問に答えるものでした。

このように述べていくと、ずいぶん些末なことにこだわるのだな、と呆れる読者もいらっしゃるでしょうが、どうか安心してください。本書はこうした細かなことを考察するものではありません。もっとざっくりと、幕府という新しい組織の動向を、13人の合議制を通じて見ていきたいのです。

日本の政争は世界のそれに比べて、比較的穏やかです。左遷はされるし、財産は奪われますが、血が流れることはまれなのです。その例外が鎌倉幕府の草創期で、やはり「武士の政権」という、それまでにない権力体が生まれるにあたり、多くの犠牲が生じたのかもしれません。その激動を本書はなるべくリアルに追求しようと思います。新しい世の始まりを、実感していただければ幸いです。

目次

「13人の合議制」の顔ぶれ

		生没年	主な役職
文官	大江広元	1148-1225	公文所別当、政所別当
	中原親能	1143-1209	公文所寄人、政所公事奉行人
	三善康信	1140-1221	問注所執事
	二階堂行政	?-?	公文所寄人、政所令
北条家	北条時政	1138-1215	伊豆・駿河・遠江守護
	北条義時	1163-1224	頼朝の「家子」
有力御家人	梶原景時	?-1200	侍所別当
	和田義盛	1147-1213	侍所別当
	比企能員	?-1203	上野・信濃守護
	八田知家	?-?	常陸守護
	足立遠元	?-?	公文所寄人
	安達盛長	1135-1200	上野奉行人、三河守護
	三浦義澄	1127-1200	相模守護

序章

鎌倉幕府とは何か

鎌倉幕府の本質

鎌倉幕府の本質は、結局のところ「源頼朝とその仲間たち」になります。「幕府」と言ってしまうと、そこに「きちんとした組織」があったように感じられます。しかし実は、そうした組織をつくるという作業は、人間の知識がかなり高い段階にまで発展しないと難しいものらしい。

中国では律令という法がつくられ、組織についてもその中で整然と定められた。日本の朝廷は、その律令を調整しながら日本に持ってきて、太政官の組織をつくったわけですが、やはり当時の社会の現実には対応できなかった。律令の定めにはない官職「令外官《りょうげのかん》」を、かなり必要とすることになります。一方で、逆に不要な官職もたくさん出てきてしまった。貴族の知能を持ってしても、組織を運営していくことは非常に難しかったのです。

これが幕府となると、そもそも「組織つくって運営する」という発想さえなかった。組織づくりが苦手。これは幕府だけではなく、日本人の伝統なのかもしれません。私にとって印象的なのは、司馬遼太郎さんの『燃えよ剣』で、土方歳三（一八三五－一八六九）が考案した新選組の組織図を、近藤勇（一八三四－一八六八）が伊東甲子太郎《かしたろう》（一八三五－一八六七）に見せる場面です。

その図では近藤勇が局長、土方が副長、その副長が一番隊から十番隊まで十の隊の組長を任命する。途中から加盟した伊東甲子太郎は参謀という役職になる。それを知らされた伊東が感心すると、近藤は、うちの土方はこうした組織づくりがとても得意で、ということを言うのですが、私はその場面を読んで「そんなに言うほどすごい組織ですか」と感じたものです。

しかし考えてみると、実際に機能的に動いているということなので、立派なものだったとすべきかもしれない。司馬遼太郎さんも小説を書いていく上で、実感としてそのように感じたのでしょう。武士の政権たる幕府にもいろんな名前の役職がありますが、機能していないものも多かった。たとえばかつての室町幕府であれば、まず管領がいて、侍所の長官がいた。でも他の組織の権限や機能はいまだに明らかではない。鎌倉幕府に至ってはさらによくわからない。

頼朝（一一四七－一一九九）は早々に侍所と政所というものを開設しますが、その侍所の長官に、どう見てもさほど能力があるとは思えない和田義盛（一一四七－一二一三）を起用している。それも「私がやります」と手を挙げたから、「はい、どうぞ」という、そんな簡単なことで決めてしまっているわけです。

結局、重視されるのは組織よりも人間関係。組織がまずあって、そこにはめ込む形、適材適所で人間が起用されるのではなく、人間がまずいて、その人間を色付けするために、組織の名前が必要だったという、そうした感覚でした。

なぜ関東に武士の権力が生まれたのか

ここで関東に武士の権力が生まれたことの意味を、もう一度あらためて考えてみたいと思います。

日本列島は、西高東低でした。先進地域は都のある西。一方、東は僻地の田舎。そうした田舎の関東だからこそ、その地に武士の政権が生まれた。西国であれば、朝廷の影響力が非常に強い。貴族たちにしてみれば、西は自分たちの飯の種で、この地を確保するためにそこそこには手当して、政治を行っていたわけです。だから西日本には、新たな政権が生まれるほど不満は溜まらなかった。

一方で、関東は捨てられたというか、最初から見向きもされていない土地。だから政治の手当も薄くなる。結果、どうしても不満は募った。関東が持つ意味とはまさにそこにあって、「関東は僻遠《へきえん》の田舎の地だった」という大前提は押さえておく必要があります。その関東に、京都でうまくいかなかった人、京都で芽が出なかった人が「下って」きて、一旗揚げようとした。

やがてその関東に、非常に未熟な「人の集まり」が生まれてきた。それが「武士の政権」と呼ばれるわけですが、私はこの段階において本当は「政権」という言葉を使いたくないのです。

「政権」とは読んで字の如く、政治権力のこと。しかし関東において頼朝が立ち上げた「もの」は、きちんと政治をやっていたのか？　というと、私たちが考えるような行政なり統治なり、政治はやっていなかった。であればそもそも「政権」という言葉は使うことができないのではないか。そのように考えています。

私は口を酸っぱくして言ってきたのですが、将軍権力とはなにかというと、軍事と政治。しかし鎌倉幕府の初期の段階では、そのうちの政治はまだ成熟していなかった。だからこの組織を呼ぶとすれば軍事権力、「軍権」という言葉を使わざるをえないのかもしれませんね。しかし「軍権」という呼び方はあまりに突拍子もないので、「権力体」とでも表現するしかないのでしょう。

ともかくも頼朝は関東の地で権力体を組織した。そして頼朝は一所懸命、京都と交渉し、自分が生み出した権力体の存在を、何とか承認してもらう形に持っていった。そして一定の認知を得た段階になると、今度はその権力体がさまざまな利権を得られるように働いていく。歴史をふり返ると、それが頼朝という人物の、人生をかけた大仕事でした。

当時、大きく言ってふたつの方向性が頼朝の組織にはあったと考えられます。ひとつは「関東の田舎で成立した幕府なのであるから、さまざまな形で都を模倣していくべきである」という方向性。都を後追いして学び、常に都を意識して自分たちの力を大きくしていこうという考え方です。

そして、もうひとつが「俺たちは俺たちのやり方でやっていこう」という方法論。都との交渉はできるだけ最小限にして、関東は関東の流儀でやっていく。そうして自分たちは自立する。こういう考え方もあり得るわけです。このふたつの方向性のうち、どちらを選択していくのか。これは幕府にとって、非常に大きな分岐点になったことでしょう。

関東には先進地域である京都の朝廷に対して反逆を起こした先輩がいます。そのひとりは有名ですね。「平将門《まさかど》の乱」を起こした平将門（?－九四〇）。そしてもうひとりが平忠《ただ》常《つね》（九六七－一〇三一）です。この人が起こした反乱は「平忠常の乱」と呼ばれています。しかしこちらは言ってみれば腰砕けで終わってしまい、「京都が平忠常のやり方を認めていない」という知らせを受けただけで「では降伏します」という形になり、話になりませんでした。

一方、大先輩である平将門のほうは、一応は自立する気概を見せた。見せることは見せて、自分の政府を立ち上げようとしたのですが、その政府なるものは、すべて朝廷の模倣で、まことにお粗末でした。たとえば小学生でも、社会勉強の一環で、先生の肝《きも》いりで生徒会などをつくらされることがあります。そんな小学生がつくった組織のほうがまだましか、という程度のものしか、将門はつくることができなかった。

しかしそれでも彼は彼の意志として、関東独立、関東自立というヴィジョンを持っていたことは確からしい。だからこそ平将門のヴィジョンは関東で伝承され、さまざまな言い伝えや物語になって後世まで伝わっていくことになった。その意味で関東という土地は、もともと「自立する」という方向性を持っていたことになります。

さらに述べておくと、僻遠の田舎である関東よりも、さらに遠い田舎として東北がある。その東北では平泉に、藤原三代の権力体が生まれていたわけです。関東で権力を確立しようとすると、平将門や平忠常のように、何のかんのと朝廷から干渉を受けるわけですが、しかし奥州ともなるともはや干渉を受けない。藤原三代の権力というのは、朝廷にしてみれば「あちらの別世界で何かやっているぞ」というくらいのことだった。平泉の藤原三代の側にしても、「私たちは関係ありません」ということで朝廷に対して没交渉だった。そうして何とか政権を維持していたということになるのでしょう。

京都からの独立か、併存か

都との関係を維持するのか。独立するのか。頼朝の組織は、どの方向性を選択したのでしょうか。大先輩の平将門のように、関東の自立を目指すということだったのでしょうか？　実はこの疑問に対して頼朝自身が答えています。

一一九〇年、伊豆蛭ヶ小島《ひるがこじま》に流されて以来、頼朝は初めて京都を訪れた。そして後白河上皇（一一二七－一一九二）と対談を行います。言ってみれば「東西二大巨頭の対談」ですが、もっともそれは現代の私たちから見た感覚で、当時とすると頼朝が上皇に対して「へへえ」と平伏する形だったことでしょう。それはともかく、上皇と面会した頼朝は、「私の家来に上総広常《かずさひろつね》という男がおりました」と話します。

「大変に力を持っていた者でございました。しかし広常は、私が朝廷に忠誠を尽くそうとすると『なぜあなたは、それほどまで京都に目を向けるのか。関東で自分たちのやりたいようにやればいいではないですか』と言うのです」

そして頼朝は上皇に「その者の言うことは上皇様に対する謀反に等しい。だから私はやむなく彼を殺しました」ということを言った。

これは天台宗の僧侶、慈円《じえん》（一一五五－一二二五）が『愚管抄《ぐかんしょう》』に書いている話です。おそらく、実際にそうした意見の対立があったのでしょう。やはり関東には「関東自立」という意識をもっている武士が、それなりにいた。中でもいちばん力を持っていたのが、今の木更津のあたりに本拠をもっていた上総広常（？－一一八三）という有力な武士だった。しかしその「関東自立」の方向性は、頼朝にとって認めることができないものでした。

武力だけがゲームチェンジャーなのか？

このことについて私は、私自身の若い頃の説を自分で否定しなくてはなりません。私はかつて軍事というもの、言い換えると直裁な暴力というものこそが、もっともドラスティックに世の中を変えると考えていました。つまり「武力を統括する者こそが、世の中を変えていくことができる」という、単純な思考をしていたのです。だから鎌倉幕府についても、武力を持つ頼朝だからこそ、新しい世の中をつくり得たという見方をしていました。

たとえば石母田《いしもだ》正先生はかつて「腐敗した京都の貴族たちに対して、東の辺境から清潔な気をまとった武士たちがやって来て、世の中を変えていったのだ」という見立てを持っていらっしゃいました。清潔な頼朝たちが新しい時代の担い手。朝廷は腐敗した悪。私自身はそこまで勧善懲悪的な見方ではなかったのですが、頼朝の武力を高く評価していたことは石母田先生に等しい。

そうした見立てに対して井上章一先生が「そんなわけあるか」と非常に強く批判したわけです。井上先生の本で私は「そういうことを言う東京の研究者はだんだん少なくなってきたけれども、若手の中でまだ強く言うのが本郷だ」と名指しされたものでした。

言われてみると確かに「武力が世の中をドラスティックに変えていく」というと、そこに一種の爽快感はある。しかし武力というものがコントロールされた暴力であるとすると、石母田流の見方では暴力礼賛、不良・ヤンキー礼賛になってしまうでしょう。

実は「ヤンキーが世の中を変えていく」という考え方は確かにあるのです。鎌倉時代には関東の荒くれ武士たちが時代の前面に現れた。室町時代の最初も「婆娑羅《ばさら》」という連中が出てくる。戦国から江戸時代につながっていく変革期にも「傾奇者《かぶきもの》」が登場する。織田信長（一五三四－一五八二）のうつけ伝説もまた、この流れのうちにあります。

そして最後に幕末、明治維新。この時期に活躍した人はみな、まだ二十代くらいの若い人たちですね。近藤勇なども、写真を見るとどこのオヤジかと思いますが、実は三十歳ちょっとくらい。そうした若い人たちが世の中を動かしていった。また、幕末維新の動きを見るとわかりますが、本当にたくさんの人が死んでいる。有名な話ですが伊藤博文（一八四一－一九〇九）ですら若い頃に暗殺に手を染めていて、自ら刀を振るって人を殺している。言ってしまえばヤンキー、さらにはっきり言えばチンピラ。チンピラが世の中を変えてきたわけで、「それまでの常識をぶち破るような奇抜な振る舞いをする者が出現して、それが変革をもたらす旗手になるのだ」というような見方は、できるのですね。

しかし本当に、それが正しいのかどうか？　このことについては今後、キチンと考えていこうと思っています。でも少なくとも、自分の周囲に暴力に物を言わせる人物がいたら嫌ですね。そんな人間が、たとえば自分のいる電車に乗りこんできたら、もっと嫌です。これは私だけのことではないでしょう。たとえば三・一一のような大きな災害が起きても、日本人は、全体としては、きちんと秩序を乱さないでいることができる。きちんと炊き出しの列に並んで、間違ってもコンビニを襲ったりしない、というところは世界的に見ても、すごくしっかりと自分を律する心をもっていると評価されるわけです。

その意味で我々日本人は、長い年月をかけて、和を乱さない人間になるよう、自分たちで自分たちを教育してきた。だから、ヤンキー意識というものを重視しないほうがいいのだろうと感じるのですが、しかし一面、文化とか芸能の分野では、いつまでもヤンキー礼賛という気質がある。芸能の分野でも、頂点にいる親分や兄貴分に弟分が従うという、ヤンキー文化が花盛りです。

武力を武力として行使しなかった頼朝

関東で、武士たちが頼朝の下に集まりはじめたとき「武力でもって、世の中を思い切り変えてやろう」という意識は、もちろんあったことと思います。だからたとえば「蛮族の集団」として京都に攻め上って、都を支配する行動も、あり得た。

同じ日本人ではあっても、関東で産声《うぶごえ》を上げた武士たちと、都の貴族たちは、異民族といっていいほど違っていた。であれば中国で言えば異民族、漢民族から見れば夷狄の蛮族たちが万里の長城を越えて侵略に来たように、武士たちも都に攻め込んで暴れまわったとしても不思議ではないわけです。

北陸道だと愛発関《あらちのせき》、東山道では不破関《ふわのせき》、東海道では鈴鹿関《すずかのせき》、この三つの関を乗り越えて京都に侵入し、乱暴狼藉《ろうぜき》の限りを尽くすという事態が生じても、世界史的に見るとぜんぜんおかしくなかった。しかし日本の歴史は、それはやらないのですね。

このことはひとつには日本社会のぬるさでもありますが、日本史はそこまで荒々しいものではない。中国の歴史とくらべても、日本ではたくさんの血が流れる惨事にはならないのだ、というのが実感です。

頼朝もまた「ただ伝統秩序をひっくり返せばいい」という方法はとらなかった。むしろ彼は、上総広常を殺してしまった。「朝廷の伝統的な秩序と何とか折り合いをつけてやっていこう」という、頼朝が持っていた姿勢については、あらためて確認しておいたほうがいいと思います。

源氏将軍の終焉と武士の覚醒

しかし結局、源氏将軍は三代で滅びる。「源氏将軍はもう要らない。俺たちのリーダーは北条さんがやればいい」という流れになっていった。これは頼朝の「朝廷の立てるべきところは立てて、しっかり学んで、仲良くやっていく」という方法論が武士たちの反発を生み、相当嫌われてしまったためではないかと考えています。

ただ、頼朝の方針に反発するだけではなく、その一方で武士たちも徐々に成長していった。個々の武力を背景にした野蛮な暴力集団だった彼らが、損得勘定くらいはできる社会集団にまで成長していった。暴力がコントロールされずに抗争を繰り広げていた状況から、暴力が武力となって、組織の秩序が成立していくようになった。源氏将軍三代の時期は、この過程とぴったり合うのです。

かつて太平洋戦争の後の闇市には、たくさんの愚連隊が現れた。それが大きなヤクザ組織にまとまっていった過程と実は似ているのかもしれません。愚連隊がヤクザ組織に変化していったときに、とりあえず日本政府とある程度、折り合いをつけようということで、ヤクザの中から政治家も出てくるようになります。それと似て関東でも中央の政権と折り合いをつけてうまくやって行こうと考える人も現れるようになった。

経験を積んで知識を身につけ、知力が育って考えるようになると、朝廷の存在感も認識できるようになってくる。自分たちにはまだまだ朝廷を否定するだけの力はない。それに朝廷には、さまざまな形で利用できる、便利なものがあるのだなということを実感するわけです。朝廷に学んだことがいちばん大きいと思うのですが、武士たちも経験を積んでまさに政権というものに成長していく。鎌倉政権誕生の最初の段階にはこうした過程があったことを、大前提として見ておいたほうがいい。

そうした中で、鎌倉幕府の運営を合議していく13人の武士が特別に選ばれる。後の世に「13人の合議制」と呼ばれることになる制度です。それを詳細に見ていくに当たって、ではどのようにその13人を分類していけばよいのでしょうか。将軍の周りにいる人たちを分類する尺度というものからつくっていく必要があります。

その評価軸として私は、四つのトピックが設定できると考えました。その四つとは「関東における秩序」「関東の地理」「政治意識」「頼朝をめぐる女性」です。

第一章

「13人の合議制」とは何かを考えるために

1　関東の秩序

まず最初に、関東における「秩序」を確認していきましょう。

「身分」の上下感覚

近年の歴史学では、江戸時代において「士農工商」という身分秩序があったことも否定されるようになっています。商人は生産しない。自分たちで何も生み出すことなく、物を左から右に流すだけで、利益を生み、さらには金を貸し付けて金を儲ける。これはまことに卑賤な業であって、だから商人とは卑しいものである。それゆえ「士農工商」といちばん最後に置かれるのですが、これはもともと中国の、特に儒教の考え方です。

儒教だけではなく、同じ価値観はキリスト教にもあって、それが「商業民族」であるユダヤ人への蔑視へとつながっていた。ただしキリスト教の場合、その考え方は宗教改革のときに、ジャン・カルヴァンが唱えた「予定説」によって否定されることになります。カルヴァンの説、いわゆるカルヴィニズムによると「すべては神の予定」。それゆえ人の営みのすべても、神の御心のまま。それゆえ商売も決して卑しい業ではなく、それを一所懸命に行って利益を上げることもまた、神の御心に沿うことになる。ジャン・カルヴァンは一五〇〇年代の人ですが、後にマックス・ウェーバーがこれを強調して「資本主義はプロテスタントの精神から始まった」と指摘することになります。

日本の場合も、儒教の影響だけではなく「あいつらは、ずるいことをして金を儲けている」という感覚があったのでしょう。それゆえ「士農工商」という、商人を狙い撃ちにして一番下においた言葉もあったわけですが、儒教の本場の中国でさえも、商人を下に置くのはあくまで建前だった。本音の部分では、昔から商売を盛んに行ってきたわけです。日本でも同じで、実際には、江戸時代の商人が「お前らは身分が下だ」などと、武士以外の人から言われたことはなかったのではないでしょうか。

現実の江戸時代の社会は、ざっくり社会の上層部に武士がいて、その下にひとくくりにできる感じで「庶民」がいる。そして庶民にも農村民と都市民がいる。農村部に暮らす庶民は農民。都市民が職人と商人。そこに区別はあっても上下の差別はないという状況でした。もちろん、すべての層の上で武士が優越しているのですから、そこに差別があるわけですが、日本の場合は、カーストのようなガチガチの細かい上下関係、「この人はこの身分だから上。この人の身分はこちらよりも下」というような身分制度はなかったと見ていい。

平家を例にして見る武士の身分

ただし、ガチガチの身分制度はなくとも、やはり身分を感じさせる秩序感覚はどうやらあったらしいので、まずそれを考えたい。

これを理解するのには、平家を例にとるのがいちばん適当です。平家とはもともと桓武《かんむ》平氏。つまり、桓武天皇（七三七－八〇六）から分かれた一族ですが、彼らは都では力を持つことができなかった。そこで一旗揚げようということで、田舎であった関東に目をつけて下っていったわけです。関東で何をやるかというと、大土地所有。つまり「ここは俺のところ」「ここは俺のところ」と切り分けて土地を支配し、農民に農業をやらせる。そうして富を蓄積しようとした。

彼らのキーワードは「自力救済」です。地方は都とは違い、警察権力が及ばない。だから自分の身は自分で守らなくてはいけない。そのために馬に乗って鎧兜《よろいかぶと》を着て、弓を操るようになる。つまり武士であるということです。しかしそうすると必然的に「ここも俺の土地だ」「あそこの豊かな地域は俺の土地だ」ということで戦いが起きるようになるわけです。簡単に言ってしまうと、そこで登場したのが平将門でした。平将門が戦った相手は同じ一族で、彼の戦いは平家の一門との戦いでした。

ただし、そのように地方に流れてきた平家の上には、京都でなんとか食べている平家もいるわけです。これが①堂上《どうじょう》平家。中央貴族としての平家で、いちばん格が高い。この人たちは武士ではなく、まさに貴族です。都に住んでいる貴族であれば、鎧兜も弓も必要ない。雅びに毎日を送っていればいいわけです。

関東に流れてきた平家は②軍事貴族としての平家になります。彼らは、朝廷との繋がりはずっと保っています。その意味では、やはり朝廷に仕える貴族であるという言い方もできるわけですが、しかし彼らは都で生活している平家に比べると確実に一段下の存在でした。

彼らは中央の官職に任官することはありませんが、地方で力をつけると朝廷が地方官として任命する。地方官の代表といえば国司です。軍事貴族の平家の中でも成功した人は、播磨守《かみ》や伊予守として国司に任命されることになります。関東なら、武蔵守とか相模守ですね。

そのように成功しておいしい思いをすると、現代人で成功した人がお金をためて都心でマンションを買ったりするのと同じように、辺鄙《へんぴ》な地方から、なるべく京都に近いところに移り住みたくなるものらしい。関東で成功した平家も伊勢に新しい拠点を求めて移り住み、これが伊勢平氏となる。伊勢平氏の有力者の中でも時流をつかんで上昇していった人が平清盛（一一一八－一一八一）のお祖父さんの平正盛（?－一一二一）で、彼はまさに時代のトレンドに乗りました。

正盛と、その息子の忠盛（一〇九六－一一五三）。この二人は西国の国司を歴任します。そうして富をたくさん蓄積し、人脈もつくり、その資産が清盛に受け継がれていった。だから清盛は、もともと、もの凄いお坊ちゃんなのですね。彼は祖父の代からの富と人脈を継ぎ、自身でもさらに力をつけて、お嫁さんをもらう。そのお嫁さんが平時子（一一二六－一一八五）。のちに二位の尼となって、安徳天皇（一一七八－一一八五）を抱えて壇ノ浦に沈む人で、この平時子の平は清盛と同じ平ですが、格がひとつ上。つまり堂上平家の家の女性でした。清盛は格上のお嫁さんをもらうほど、偉くなっていた。力をつけていたわけです。

開拓地に残された武士たち

そしてさらに、三番目の層として③「在地平家」がいます。これは軍事貴族の「関東のおいしいところは吸収してしまったので、伊勢に移ろう」と移動してしまったときに、置いていかれた連中です。彼らは平家であっても末端の平家。辺鄙な地方に自分の拠点を定めて、田舎で一所懸命生きていた。これがまさに「一所懸命」の語源になるわけです。

彼らは自分の名字として、土地の名を名乗ります。たとえば畠山荘という土地に拠点を求めたら、畠山。あるいは千葉に拠点を求めたら、千葉。頼朝に殺された上総広常などは、もともと広範囲な拠点をもっていたので、国の名前をそのまま名字にして上総を名乗る。同じように三浦半島を拠点にすれば三浦。そうした形でみな自分の土地を整理して、自分の土地で生きていく。

彼らのような在地平家となると、朝廷との繋がりはもはや切れています。大番役として都に参仕し、機会があって朝廷から何か官職をもらったとしても、それは次代に継承できない薄いつながりでした。

このように同じ平家といっても三つの階層があったわけです。その中で鎌倉幕府に集まってきた連中は、もちろん③在地平家の武士たちでした。彼らが流人の頼朝を担ぎ、鎌倉幕府という権力体を組織することになります。

もちろん頼朝は平家ではなく源氏ですが、では彼はなにものか。先の尺度で見ると彼は②の軍事貴族に当たります。③の在地の武士たちが軍事貴族の頼朝を担ぎ、主従関係を結んでいく。そうすると①と②、②と③は、そこに主人と従者の関係、「主従関係」が生まれるくらい身分が違うということは、当時は皆、理解していたということになります。しかしその典拠となると、実はこれが難しいのです。

鎌倉時代になると、ある社会層を指す用語として「凡下《ぼんげ》」という言葉が出てきます。幕府の判例を見ていると明らかに侍とは扱いが違う。同じ罪を犯したとして侍であれば罰金刑ですむところが、凡下には体罰が加えられる。そこに明らかな線引きがある。では侍とは何か、凡下とは何かというと、簡単に言ってしまうと、侍は御家人や、非御家人の武士。凡下は庶民だったと考えられます。

ところがそれを規定する根拠がない。たとえば御成敗式目《ごせいばいしきもく》に「ここから上の人間は侍である。ここから下は一括して凡下とする」といった規定はありません。その区別はなんとなく自分たちの中にあるわけですが、しかし明確な規定となるとない。

そもそも侍の定義とは何か。「御家人、非御家人の武士が侍だ」といっても、では武士とは何かという話になって、これもなかなか難しい。

現代の我々であれば、憲法や法律によって秩序が明文化されています。たとえば、男女平等を謳う男女雇用機会均等法のような法律が存在していれば、そこに「男と女は同権である」とはっきり書かれている。だから男女同権が気に入らない男性が仮にいたとしても、「いや、この法律を見てみなさい」ということで法律を典拠にすることができます。

しかしこの時代の人びとは「その秩序はなにが根拠になっているのか」といったときに、エビデンスがないのです。「格」の上下について、だいたい皆それがあるものと理解し、疑問に感じていないのですが、かといって明文化されたエビデンスはなく、根っこのところは秩序が曖昧という状況だった。

ところがその一方で、整然とした秩序を持っていたのが朝廷です。朝廷は律令の伝統を受けて、きちんと整備された身分秩序を持っていました。

関東の秩序も、その朝廷と関わることで生まれていたと見ることができます。武士たちは朝廷との関わりの中で朝廷にはいろいろ便利な存在でもあることを知り、そして朝廷を利用することも学んでいった。そのひとつが秩序です。朝廷の秩序を借りてくると、自分を含めた彼1、彼2、彼3といった立ち位置、上下関係がよくわかるようになり、人間関係が円滑に回る。具体的に言えば、だからこそ武士たちは朝廷の官職を欲しがったわけです。

朝廷が生み出す社会の秩序

たとえば親父が官職をもっているとすると、面白いことにそれが名前となります。この頃の武士は、通常仲間内で諱《いみな》は使いません。たとえば畠山重忠（一一六四－一二〇五）であれば「おい、重忠」とは呼ばず、通称のほうで呼ぶわけです。通称はどのように成立するかというと、重忠の場合は父親が畠山荘の庄司という立場でしたのでその「庄司」に、次男だったからその次郎が組み合わされて「庄司次郎」となる。このように親父のポジションに太郎、次郎、三郎、四郎を組み合わせて通称がつくられます。

そこに父親が朝廷の官職をもらいますと、子どもたちもみなそれに倣《なら》った呼び方をされることになります。たとえば父親が備後守をもらうと、息子は備後太郎、備後次郎、備後三郎といった呼ばれ方をするようになるわけです。備後太郎は、長男で家を継ぐ立場。おそらく彼もまたそのうちに自分の官職をもらうことでしょう。そうするとまたその名も変わります。備後守をもらうような武士となると相当な高級武士ですが、より低い官職でもこれは同じです。

ところで、ここでは「もらう」と言っていますが、その実態は「買う」です。この頃は売官が一般的で、朝廷はそれがいい商売になっていたのですね。ちなみに朝廷の中にいる貴族が何かの官職を買う場合と、朝廷の外にいる武士が幕府を通じて官職を買う場合は、だいたい値段が十倍くらい違ったと言われています。

そのあたりの流れを見ると、やはり官職を買える家と買えない家では、同じ侍身分において微妙に上と下の関係があるのでしょう。ここで「家」という存在が出てきますが、「この家は官職を買うことができる家だ」ということで、それが侍だということであればわかりやすい。でも、そう簡単ではありません。

鎌倉時代、官職はあくまでも将軍の推薦がなければもらうことができない。必ず幕府を経由することになります。だから「官職をもらうことができた者が侍だ」と、定義できればわかりやすいのですが、微妙で曖昧な部分が残ります。

たとえば官職を買うことのできる家の三男や四男はどうなるのでしょうか。お父さんは備後守でも、その三男の備後三郎や、四男の備後四郎は、家を継ぐことはできそうにない。そうするとお金がないですから、彼らは官職は買えないのではないでしょうか。その備後三郎のところにまた子どもができて、太郎、次郎、三郎、四郎と続くわけですが、父親の備後三郎は、もはや官職を買えず、ただの三郎だったということになると、備後守の要素はもはやない。その息子は三郎太郎、三郎次郎と名乗ることになります。このあたりになると、一族とは言っても、本家の家来のポジションになっていく。この家来のことを「郎《ろう》党《とう》」と呼ぶわけですが、郎党は、はたして侍でしょうか、それとも凡下なのでしょうか。このあたりがややこしい話で、その微妙なところは私にも正直まだよくわかっていません。

やはり朝廷の存在は大きかった

こうした秩序について、かつての私は朝廷の存在をなるべく小さく見ようと考えていました。官職の問題についても、別に重要なことではないと考えていたのですが、当時の人たちにとってみるとやはり大変な問題だったのですね。

私が「これは考えを変えないとだめだな」と思った事例があります。頼朝は「石橋山の戦い」(一一八〇)で負けて、命からがら房総半島に逃げていきました。その頼朝のところに、房総を代表する実力者の千葉常胤《つねたね》(一一一八-一二〇一)が「家来になります」と臣従を申し入れてくる。頼朝にしてみれば、生きるか死ぬかわからない状態のところに、千葉常胤が家来として味方になってくれたということで非常に喜んだ。「お前のことはこれから父と思う」というような言葉をかけています。実際に千葉常胤はこの後、幕府の中で大変に重んじられることになります。

この逸話そのものは有名なのですが、あまり注目されてこなかったのは、このとき千葉常胤が一人の若者を伴っていたことです。千葉常胤は源頼朝に、その若者を引き合わせました。

千葉常胤は頼朝に対して「佐殿《すけどの》」と呼びかけます。頼朝はその昔、兵衛佐《ひょうえのすけ》に任官されていたので、その「佐」で呼ぶわけです。やはり頼朝でもかつて朝廷がくれた官職がその呼び名になるわけで、これを見ても官職はやはり大事だったのですね。この当時の頼朝のことを『吾妻鏡』は「武衛《ぶえい》」という言い方をしています。これは兵衛佐を中国風に呼んだもの。兵衛佐をかっこうをつけて表現した言い方になります。

千葉常胤は「佐殿」に、一人の若者を紹介し、そして「この若者は実は源氏の一門であります」と言った。

源氏のヒーローである源八幡太郎義家（一〇三九－一一〇六）には、かなり年をとってからできた十番目の末っ子がいました。源十郎義隆（?－一一六〇）という人なのですが、この源義隆は、「平治の乱」(一一五九)のときに頼朝の父の源義朝(一一二三－一一六〇)に従って、ともに戦っています。源氏一門の中で長老という形で大事にされていたようです。しかし義朝たちは平清盛に敗れ、戦場を離脱して関東へ落ち延びるという決断をし、数少ない一行で関東を目指すことになります。そのとき恩賞にありつこうとしたのでしょう、比叡山の坊主たちが龍華越《りゅうげごえ》というところで義朝たち落武者の一行を討ち取ろうと襲ってきました。この時、源十郎義隆は「私が義朝殿の」――、ここが上下関係の微妙なところで、おそらく「義朝様」とは言わなかったと思います。「私が義朝殿の身代わりになって死にましょう。そうして時間を稼いでいる間に、みなさんは逃げてください」と言った。そして義隆は義朝を名乗って奮戦し、討ち取られて戦死してしまう。

義隆は当時、すでにかなりの高齢だったわけですが、最後の子がまだお母さんのお腹の中にいた。その子が、千葉常胤が連れてきた若者、源頼隆(一一五九－?)でした。頼朝の「頼」と義隆の「隆」を合わせて頼隆です。

名門の血の利用価値

千葉常胤は、この源頼隆という人をずっと自分の庇護下において育てていた。何のためかというと、それは頼隆を擁することで、自分の行動に正当性が与えられることを見込んでいたのでしょう。

先の①②③でいうと、勢力は強くとも千葉常胤はあくまで③のポジションの在地の武士です。一方、源頼隆は源氏の若様で、これは②の地方官になることができる軍事貴族。一段階上の格を持つ頼隆を擁することで、たとえ彼が自分の利益、損得勘定で動いたとしても、その行動が正当化されることが見込まれます。それを計算して、千葉常胤は、頼隆を自分の家に匿い、一所懸命育てていたのでしょう。

要するに、源氏の名門の若様なので、いざ有事の時には使えるカードになる。それを見込んで育てていた。死んだ十郎義隆と千葉常胤がもともと主従関係にあったなどという話ではありません。

けれどもそこに頼朝が登場して、自分も頼朝の旗の下に従うとなったときに、依然として頼隆を抱えていたとすると、これは謀反を疑われる可能性が出てくる。

頼朝も、源氏の名門の②軍事貴族です。その家来になるのか、それとも頼隆を擁立して、かたちの上ではその家来として振る舞うのか。これは疑り深い人間であれば、必ず注視する問題です。だから『吾妻鏡』によると、千葉常胤は頼隆を一緒に連れてきて「この若者は必ず武衛様の力になります。だからどうぞ身近に置いて使ってやってください」と言って差し出したと書いてある。

それは実態として「どうぞ、彼を煮るなり焼くなり好きにしてください。私はもうこの人は要りません」と言っているに等しい。頼朝に対して「私の主人は頼朝様だけです」と自分の立場を明らかにしているわけです。

そのことを、この場面から読み取らないといけない。それを読み取るためには、やはり②と③には厳然とした身分秩序があるのだということをまず認識しておく必要があります。

②軍事貴族と③在地の武士で、具体的になにが違うかというと、②の層は幕府の将軍になることができます。たとえば室町幕府を作った足利尊氏（一三〇五－一三五八）は②の人です。もし鎌倉幕府末期に足利尊氏が動かずにいたら、やはり②の層に属す源氏の名門の武田幕府ができたかもしれないし、小笠原幕府ができた可能性もあります。しかし鎌倉幕府において北条氏はどれほど権力を握ったとしても、結局最後まで将軍にはなりませんでした。名目上は、執権という、家来として将軍をお守りする立場で終始した。

そうした北条氏について、『神皇正統記』を書いた北畠親房《ちかふさ》（一二九三－一三五四）は「立場をよく理解して、きちんと身分をわきまえている。彼らは立派だ」ということで褒めています。②の人たちを尊重して自分たちは将軍にならない、ということは、結局は、朝廷においても朝廷の貴族を認めるということになりますから。実際に北条氏は、決してでもではありませんが拒否できる状況ではなかった。もしも北条氏が朝廷に高い地位を要求していたら、と朝廷に高い地位を要求しなかった。下手をすれば「将軍にしてくれ」と要求された場合、征夷大将軍の地位を差し出すしかない、というところまで、北条氏の力は大きくなっていたのです。しかし、北条は②の層と③の差を考えて、将軍になろうとしなかった。そのように秩序を超えた出世を望まなかったところが北条氏の賢さだったと私は感じます。

だからこそ、モンゴルの襲来によって死に体となった鎌倉幕府が——私はモンゴルが来たことの影響で鎌倉幕府は、ほとんど死に体となったと考えています——そこからまだ五十年も保たれた。やはり何のかんのと言っても御家人たちにとって、北条氏は支持すべき存在だったのでしょう。しかしもし北条氏が将軍にでもなっていたら「どこまで増長しているんだ」ということで、もっと早くに潰されていたことと思います。

そうした秩序感覚の基になるのは、中央貴族、地方官、在地という朝廷的な秩序になるわけで、決して「戦って誰が一番、強かったか」という腕っぷしだけで定められるものではなかった。ヤンキーが戦って、学校一の番長を決めるように決まるものではないのです。「やはり朝廷のもたらす影響は大きいのだ」という事実を受け入れないと、この話は理解できなくなる。私がどんなに「西高東低」を受け入れたくなくともしようがない。「当時の人にとって朝廷は大したものだった」という史実を認めよう。五十歳を過ぎてそういうことになりました。

2 関東の地理

関東における地域格差問題

御家人を分類していく尺度として、まず「秩序」というものを挙げました。この秩序については、漠然とではあっても、現代の研究者はみな意識はしていたことです。きちんと言語化されることはあまりなかったと思いますが、認識としては共有されていた。しかしこれから述べる「関東の地理」については、これまであまり考えられることはなかったと思います。

そのために自分でも半信半疑なところがあるのですが、一言で「関東」といっても、そこには一軍と二軍の「地域格差」があった。関東の中でも本当の意味での幕府を支える地元というと、どうやら「南関東四カ国」であったらしいのです。

この「南関東四カ国」という言葉が出てくるのは『曽我物語』の、それも古い版です。曽我五郎（一一七四―一一九三）、十郎（一一七二―一一九三）兄弟の仇《あだ》討ちを描いたこの物語は非常に人口に膾炙していて、江戸時代の歴史好きの間で、もっとも人気の高い歴史上の人物というと、曽我五郎でした。現代の私たちにとって坂本竜馬（一八三六―一八六七）や織田信長が人気があるのと同じような感覚で、この武士が人気者だったのです。だから歌舞伎の花川戸《はなかわど》の助六とは実は曽我五郎だったりするわけです。室町時代に成立した『義《ぎ》経記《けいき》』なども人気がありましたが、『曽我物語』は庶民の間でよく知られ、高い支持がありました。

ただ読者のニーズに応えて書き直されている部分もあって、この物語にはだいぶ改変された新しい版と、古い版があります。どこが違うかというと、新しい版では畠山重忠がむやみやたらに善玉となって、曽我兄弟の仇討ちを無事に成功に導くところに必ず出てくるのです。もともと彼の人気が高かったからそうしたのか、他に理由があるのかはわからないのですが、ともかく新しい版では畠山重忠が完全に善玉として出てくる。それはいいとして、ここで参照したいのは古い版の記述です。

古い版では、河津《かわづ》祐泰《すけやす》（？－一一七六）という武士が射殺されます。河津というと河津桜という早くから咲く桜があったり、河津七滝《ななたる》という観光地があったりします。その河津に所領をもっている河津祐泰が曽我兄弟の父親であり、この人が射殺される。それで兄弟が仇を討たんとする、という話になります。

そしてそもそも河津祐泰が殺害される舞台として「南関東四カ国の侍たちが皆で狩りをやって」という展開がありました。南関東四カ国の武士たちは折に触れてそうして集まって狩りや、あるいは遊びを一緒にやっていた。大変に仲良く付き合っていたのです。

彼らの結びつきをもっとも手っ取り早く促進する手段は、娘を嫁にやったり、もらったりする婚姻がある。そしてもうひとつは神様。二所権現という言い方をしますが、ひとつは箱根権現、もうひとつは熱海の伊豆山権現。南関東四カ国の武士たちは、箱根山と伊豆山の神社を崇敬していました。

その「南関東四カ国」とは具体的にどこになるのかというと、面白いことに駿河が入っ

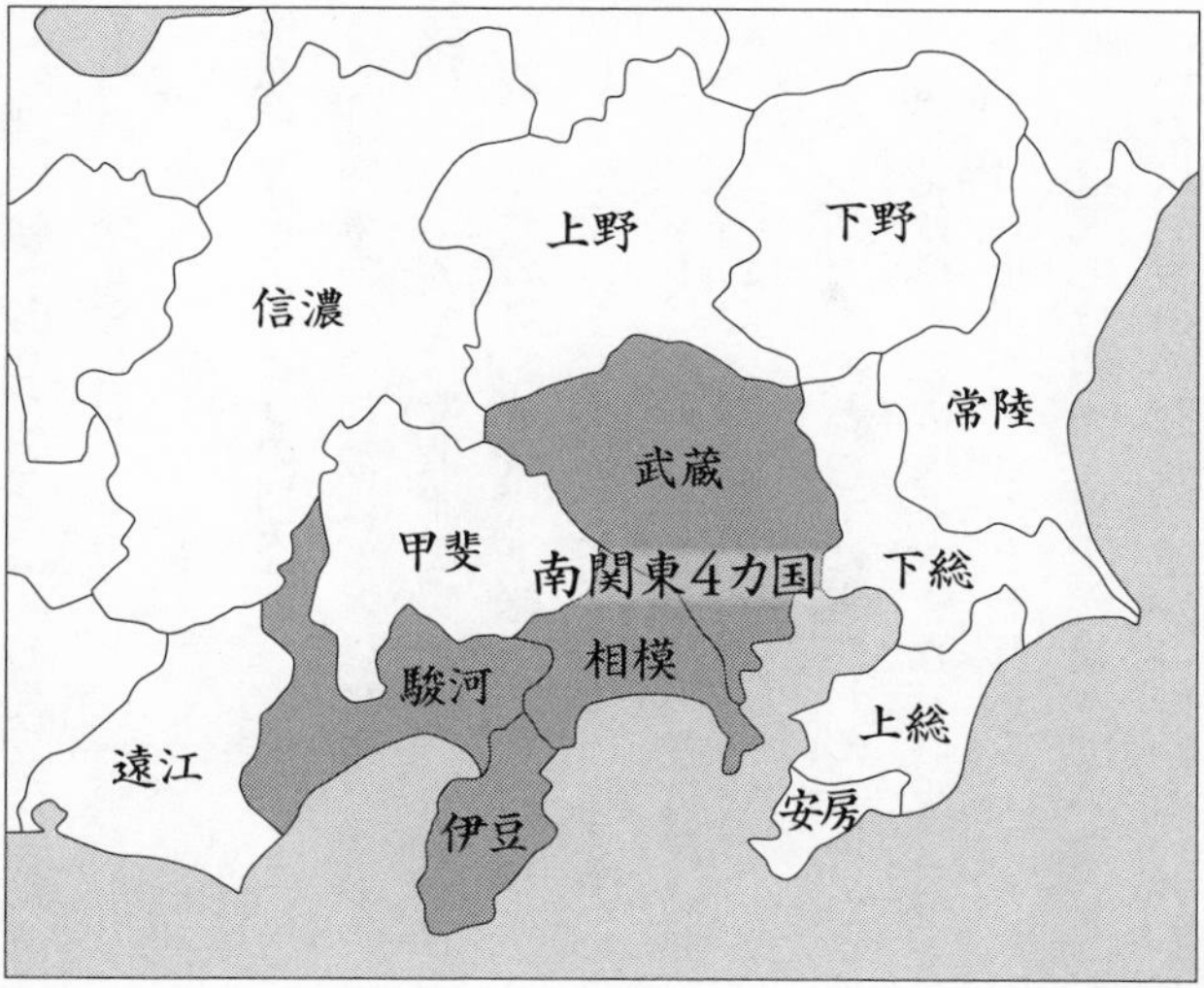

てくる。駿河、伊豆、相模、武蔵の四カ国になります。どうしても私たちは、戦国時代からのイメージで今の静岡県である駿河と遠江を一セットで考えてしまう。だから関東に駿河が入るのは「え?」という感じになりますが、しかし地元の人にとっては駿河と遠江では風土が違うそうですね。駿河の代表的な町はもちろん静岡、遠江が浜松ですが、そのふたつはまったく違う文化なのだという話をよくみなさんおっしゃいます。どちらもサッカーが強いということで同じ地域かと感じてしまいますが、それは違うらしい。

あとは伊豆、相模と武蔵。北条氏は

この伊豆から出てきて、相模と武蔵を支配下に置きました。どうもこのあたりが、幕府の本当のお膝元らしいのです。

房総半島は川の向こうの別天地

では関東の他の地域は、どのようなポジションだったのでしょうか。頼朝は「石橋山の戦い」(一一八〇)で敗北を喫して、真鶴《まなづる》から船に乗って海上に逃れます。それで房総半島に着く。その房総地域、下総、上総、安房が幕府にとって第二グループだったと捉えていいと考えています。第三グループとしては北関東があった。

第二グループの房総半島の持つ独自性は面白いです。房総半島は、大げさに言えば別世界なのですね。

現代の私たちにとっては実感しづらいことですが、昔の人にとっては大きな川というものは、地政学的に非常に大きな存在感を持っていた。武蔵の葛西、今でいえば江戸川区のあたりに利根川がずどんと流れ込み、大きな流れとなっていたために、利根川の東の房総と西の武蔵では相当、風土が違っていたらしい。

いかに利根川の存在が重かったかというと、たとえば戦国時代の関東地方で見てみると

「享徳《きょうとく》の乱」（一四五五）という戦乱がありました。

「応仁の乱」（一四六七－一四七七）が京都で起こります。これは応仁年間から始まるので関東地方では享徳年間から始まる「享徳の乱」が起こって、ここから関東地方が戦国時代に入ったとよく言われます。「享徳の乱」のときには、まず関東公方《くぼう》の足利持氏《もちうじ》（一三九八－一四三九）が六代将軍の足利義教《よしのり》（一三九四－一四四一）に滅ぼされて、その子どもたちが処刑される。子どもたちの中で生き残った足利成氏《しげうじ》（一四三四？－一四九七）が関東公方になろうとするのですが、鎌倉も京都と同じで攻められると容易に落とされる地勢だったため、成氏は鎌倉を逃げて古河に行き、そこで古河公方と名乗ることになります。その古河公方と戦っていた勢力が関東管領《かんれい》の上杉氏でした。この上杉氏の勢力と古河公方の勢力を分けるものが、まさに江戸川だったのです。江戸川より西側が古河公方の勢力圏、東側が上杉氏の勢力圏という形で、川によって分けられていました。

そうした目で見て「なるほどな」と感じるのは、北条氏の勢力の伸び具合です。北条氏の勢力がどのように伸びていったかを見てみると、先にも述べましたが彼らはまず伊豆から出てくる。そして鎌倉のある相模を、とにかく押さえていく。それから武士の本場である武蔵を固める。範囲も広いですし、ここには御家人が多数いるわけですから、ここを勢力下に収めないといけない。

その武蔵を支配下に置いた後、房総には進出しないのですね。利根川は渡らない。房総には勢力を伸ばさずに北の上野へと向かう。上野は現在の群馬県です。ＪＲでいうと上越線の方向に勢力を伸ばし、ここから長野のほうに進出しようか、新潟に行こうかと言っているところで鎌倉幕府が潰れてしまった。北条氏の勢力拡大は、上野、群馬県まで行ったところで終わりという形になります。この北条氏の動きと、戦国時代の後北条がまったく同じ展開をたどるのです。

後北条氏も伊豆の韮山から出てきた。それゆえに彼らも北条を名乗ったのですが、小田原城を本拠として相模を統一し、それから三代氏康《うじやす》（一五一五－一五七一）の頃までに武蔵を固める。そこでやはり後北条氏も房総には進出しないのですね。

当時、房総には里見氏がいたのですが、里見とは川そばの国府台《こうのだい》で行われた「国府台合戦」（一五三八、一五六四）を二回ほど戦って、二回とも勝っているのです。勝っているのですが房総に攻め込むことはせず、北に向かいます。そして上野は手に入れたぞという段階で豊臣秀吉（一五三七－一五九八）の小田原攻めに至る、という展開になります。鎌倉時代の北条氏と、戦国時代の後北条氏は、ほとんど同じ勢力の伸ばし方をしたわけです。その理由は、おそらくやはり利根川があるのでしょう。どちらも利根川の向こうにまで勢力を伸ばすことはしなかった。後に徳川家康(一五四三－一六一六)が関東にやってきて、利根川の流れを大きく変えてしまい、現在のように鹿島に流れ込む形にする。そうしてはじめて、それまで水浸しになって人が住むのに不適当だった江戸地域に、大きな住宅地ができるようになりました。

こうした経緯を考えると、房総は江戸にとっても鎌倉にとっても「川の向こう側」で、おそらく南関東四カ国ほどは地元意識がなかったのでしょう。ただし、房総を本拠地とする千葉常胤と上総広常といった武士は、幕府が成立するにあたって大きな力になりました。その功績を考えると南関東四カ国のような「お膝元」ではなくとも、それに続く準地元。第二グループだったと見ていいでしょう。

そして北関東の上野、下野、常陸は、第三グループになります。北関東が第三グループと見られることについては、いくつか傍証があります。

北関東の立ち位置

ひとつは、この地域の御家人の「独立性」。たとえば志田《しだ》義広（？－一一八四）という武士が常陸、現代の茨城県の信太荘《しだのしょう》にいた。この人は頼朝の父義朝の、三番目の弟です。だから源義広なのですが、その志田義広を担いでいた勢力が、常陸の大掾《だいじょう》氏という家。常陸は細長い国で、北と南に勢力がふたつあって、北は源氏の名門の佐竹氏、南をこの大掾氏が握っていた。大掾とは官位に由来する呼び方で、国司を務める官は上から守《かみ》、介《すけ》、掾《じょう》となります。この三番目の掾にふさわしい力をもっていたのが大掾一族なのです。この大掾氏については後々で名前が出てくるので覚えておいてください。

大掾が志田義広を担ぐ構図は、まさに千葉常胤が源頼隆を担いでいたのと同じです。いざというときに自分の行動の正当性を担保する「カード」として握っていたわけですが、大掾は千葉とは違って、志田義広を頼朝に差し出すことをしなかった。また志田義広にも「自分は頼朝の叔父だ」という気持ちがあったのかもしれませんが、頼朝の勢力に合流しようとはせず、逆らうのです。独自の動きを見せて、下野や上野のほうに着目していたらしい。

そうして北関東に勢力を伸ばそうとしたのですが、一方、その下野でもっとも有力な武士というと小山《おやま》氏になります。この小山氏のほうは、頼朝に従属するという話でしたから、志田の軍勢が下野にやってくると、当然、その報告は鎌倉幕府に飛ぶ。いわゆる源平合戦の時期なので、あちこちでこうした戦争がありましたが、志田義広が従属せず、下野のほうに進出してきたという状況になれば、頼朝としては、鎌倉幕府の兵を派遣して潰しておかなくてはなりません。

ところが小山はほぼ独力で戦い、志田を敗走させてしまうのです。敗れた志田義広はやがて姿をくらまし、伊勢まで行って討ち取られるという顛末になります。

こうした動きからすると、下野の小山氏はほとんど独立勢力として考えてもいいくらいの存在に見えます。

栃木や群馬の武士たち

もうひとつ傍証を挙げると、これは頼朝が亡くなった後の話になりますが、北条時政（一一三八－一二一五）が失脚した際の事情。

北条氏は鎌倉幕府の中で権力を握りますが、しかし北条時政と息子の北条義時（一一六三－一二二四）の間に亀裂が入り、義時が父時政を引退に追い込むという事件が起きます。

そのとき北条時政は、源氏の名門の平賀朝雅《ともまさ》（?－一二〇五）という人物を将軍にしようと画策していました。平賀は源氏の一門の中でいちばん格が高い家です。後に尊氏を出す足利氏が格が高かったとよく言われますが、足利氏は実際にはナンバー2で、もっとも格が上だったのは平賀です。

北条時政は、その平賀の朝雅を将軍にしようとした。実は平賀朝雅は彼の娘婿でした。時政には多くの子どもがいましたが、その中でもいちばん大切にしていた子は、時政が鎌倉の重要人物になったあとに嫁に迎えた貴族のお姫様との間でなした子どもたち。貴族といってもそこまで大した貴族ではないのですが、それでも①の堂上平家とも縁を持つ娘を嫁にもらっています。時政はその人のことが可愛くてしかたなかったらしく、貴族の女性との間に生まれた男子の政範を自分の後継者にしようとしたのですが、政範は若くして亡くなってしまう。しかし政範の他にも娘が二人いて、時政はこの娘たちを大事にしていました。そして娘の一人は平賀朝雅のもとに嫁にやり、もう一人は下野の名族、宇都宮頼綱（一一七二－一二五九）のところに嫁がせています。北条時政はその娘婿の平賀朝雅を三代実朝《さねとも》（一一九二－一二一九）のかわりに将軍に据えようとしました。

このあたりも先に述べた武士の秩序が生きています。自分がトップに立つと武士からは

「なんだ。同じ在地武士のおまえがなんで俺たちの上に立つんだ」という不満が出る。だから、軍事貴族で、将軍になる資格を持つ平賀朝雅を立てようとした。しかし、この企ては息子の義時に反対されて見事に失敗するわけです。

時政は義時によって、伊豆に引退させられます。もし父親でなかったら当然殺しているところでしょうが、さすがの義時も自分の父親は殺すことができなかったらしく、時政は引退するだけですんだ。ところが担がれただけで、なにも悪いことはしていない朝雅のほうは「将軍になろうとした」ということで京都で討たれて殺されます。その運命も十分に理不尽に感じられますが、問題になるのはもう一人の娘婿である宇都宮頼綱です。

日光東照宮は後の時代に造られますが、日光山はもともと神様仏様がいる山として昔から有名で、天台宗の寺院が置かれたりしています。その神域の日光山の麓にあって、現実的な領域を司る宮が、「現《うつつ》の宮」と呼ばれていた。それが転じて宇都宮と呼ばれるようになります。その宮の宰者が宇都宮氏。もともと宗教から出ているだけに文事も達者という特異な家で、下野では志田と戦った小山氏が群を抜いて大きい勢力を持っていましたが、かなり差はあるにしろ、それに次ぐ勢力を持っていました。

その当主が宇都宮頼綱だったのですが、幕府の通常のやり方からすると、彼も殺されることになります。我々からすると「なにも悪いことはしていないのに」と感じるところですが、平賀朝雅と同じで、北条時政の娘を妻にしているということだけで、通常であれば殺されます。

ところが幕府は、小山に「宇都宮頼綱を討て」と命令しただけで、実行部隊を送ったりはしていない。ということはやはり、幕府にとって北関東は直接手を出すことのできない、ややはばかるところのある地域だったのではないでしょうか。しかも「討て」と命令された小山氏のほうも、なんと幕府の使者に対して「自分たちは仲がいいので殺せません」と答えているのです。小山は独力で志田義広を負かすほどの勢力を持っていた。だから宇都宮頼綱を討つこともできたはずですが、討てと言われても動かないのです。

そのようなことをすると普通は「お前もグルか」ということで、幕府に潰されます。しかし討たない。やはり、北関東は御家人といってもどこか少し違う、独立勢力的な印象を受けます。

頼朝が残したお墨付き文書

さらにもうひとつ傍証があります。一一九二年に頼朝が、征夷大将軍になります。彼は征夷大将軍になると「将軍家政所」という役所を開設し、所領安堵の文書は役所から出すようになりました。「この土地はおまえのものだ。それは鎌倉幕府が保証する」ということを明示する文書です。こうした形で所有権が認められることは、これは鎌倉武士たちにとってはなによりもありがたい。ですが役所を開設する以前は、頼朝が、自分自身の名前で文書を出し、その所有を認めていたのです。

以前の形式であれば、文書の右側、これを袖と呼び、左側を奥と呼ぶのですが、文字は袖側から奥にむかって書かれます。その袖のところにまず「下す 誰々」と書かれ、その後に「この土地はお前のものだ」ということが記されていた。こうした文書のことは、「下す」と書き始めるところから「下文《くだしぶみ》」と呼ばれます。

その袖のところに頼朝は自分のサインとして花押《かおう》を描いていました。それが袖判《そでばん》。だから下文の中でも頼朝の袖判があるものは、特に「頼朝袖判下文」となる。

袖判については「据《す》える」という言い方をするのですが、文書の本文自体は秘書官が書いている。しかし袖判だけは必ず頼朝自身が据えていた。現在、頼朝が自筆で書いた手紙は残っておらず、そのため彼がどのような字を書いていたかはわからない。しかし少なくとも袖判が残っているので、頼朝自身が書いた部分は伝わっているわけです。俗っぽいことを申しますと、頼朝自身が袖判を据えている下文は、現在ではだいたい五千万円くらいの値段がするように思います。

その下文が、役所が開設されてからは役所から出るようになったのですが、どちらが武士たちにとってありがたいかというと、それは頼朝が自分の名前で認めてくれるほうが、ありがたいわけです。

一方、頼朝のほうでは自分の権威を高く位置づけたかったらしく、自分の名で下した下文を、一度すべて回収することにした。戻すようにと言って戻させて、そうして改めて「将軍家政所下す」の形で役所から出し直した。そこには頼朝のサインはどこにもありません。サインをしているのは政所の職員です。そうした下文に切り替えたわけです。

これに対して、千葉常胤が文句をつけたという記述が『吾妻鏡』に出てきます。彼は「政所下文という新しい下文を見ましたが、これにはどこにも頼朝様の書いた部分がありません。家来の役人が書いてサインをしている、こんなものは証拠にならないので要りません。幕府創業のときからずっと頼朝様に仕えてきた私には、特別に前の形での下文をください」ということで、まあ、わがままを言ったのですね。

それに対して頼朝は「まあ、千葉の爺が言っているならしようがない」と、以前の形の下文を出したという記事があります。千葉の家はがんばって続いていくのですが、戦国時代にはもう、残っているとしても大きな大名家ではなくなってしまった。そのときに千葉の家の文書も失われてしまい、頼朝から下されたという下文も残っていません。大変に残念ですが、こうしたことはよくあります。ところが、同じような形であらためて出し直された文書が、小山氏のほうに残っていたのです。

下文が語る有力武士事情

小山の文書もそれほどは残っていないのですが、前橋藩主の松平家に少し残されていた。どういう経緯かと言うと、徳川家康の次男、秀康は一時期、結城《ゆうき》家を継いで結城秀康（一五七四－一六〇七）になっていました。その結城と小山は非常に密接な親戚だったのです。結城秀康は、後に松平秀康に名前を変えるのですが、このとき由緒ある結城の家の祭祀を絶やすのは申し訳ないということで、五男の直基に、結城の家の祭りも絶やさず続けさせることにした。そこで恐らく、結城の家から受け継いだものも直基に渡した。この松平直《なお》基《もと》（一六〇四－一六四八）の子孫が、江戸時代最後の前橋藩主として十五万石ほどもらっていたのですが、この家には結城の文書が多少伝えられていた。さらにその中に少し小山の文書も残っていたのです。この松平家は旧華族となり、伝えられてきた文書は時の当主の名から、松平基則氏所蔵文書と呼ばれるようになりました。その中に先の千葉常胤の話と一致してくる文書が残っていたのです。

小山の文書の中には「将軍家政所下文」がありました。これは頼朝が出し直した、役所の下文ですね。しかしなんとそれと同じ日付の、頼朝の袖判下文が一緒にセットになって残っていたのです。つまり小山も、とりあえずは「将軍家政所下文」をもらった。しかし『吾妻鏡』の千葉常胤と同じように、「これだけでは信用できないので、頼朝様の袖判下文をください」ということになり、頼朝は、同じ日付で袖判下文のほうも出したのでしょう。これで『吾妻鏡』の記事のような経緯は本当にあったということが確認できるのです。

ちなみに松平基則氏所蔵の文書の現物は、太平洋戦争で被災し、燃えてしまいました。ところがうまい具合に、松平基則さんは気前よく旧家臣などに一点、二点と文書をプレゼントしていたらしい。それが戦後になって見つかったのです。結城市に赤荻さんというお茶屋さんがあるのですが、そこから足利尊氏の下文などが出てきた。頼朝の下文も将軍家政所下文も見つかった。ちなみに尊氏の下文の調査を行い、写真を撮ってきたのは私です。

松平基則氏が所蔵していた文書の中には、他にきわめて重要な、戦国大名結城氏の分国法（「結城氏新法度」）などもあったのですが、こちらは残念ながら燃えてしまって、現物は失われてしまいました。しかし影写本という形で史料編纂所がコピーを持っています。この影写本はきわめて価値が高く、いま実際、史料編纂所の影写本を一括して重要文化財にしてはどうかという話が出ています。また小山家の政所下文と、頼朝袖判下文の二通は、今は神奈川県立歴史博物館が購入して、所蔵されているという状況です。

房総と北関東に許された意味

『吾妻鏡』には、下総の千葉がわがままを言って、以前の通り頼朝の名で袖判下文をもらったという記述があった。現在の栃木県、下野を代表する家の小山からは、実際にそうした下文が出てきた。しかしチンケな家の武士が、そんなわがままを言っても相手にされないことでしょう。ここで研究者は「千葉や小山といった、その国のナンバー1、ナンバー2レベルの家でないと、そのようなわがままは通らなかったのだろうな」と考えるわけです。

しかしさらに突っ込んでみると、本当の意味での幕府のお膝元でそのようなわがままを許したら、幕府はやっていけないのではないでしょうか。頼朝の基本政策として「将軍の力を強くしたい」という方針があったとしたら、それを否定することになってしまいますから。であれば、そこから「房総や北関東を本拠地とする千葉や小山だからこそ、許された」という事情も読みとることができる。つまり南関東四カ国という、本当の意味での幕府のお膝元の武士ならば、そのようなわがままは許されない。しかし第二グループの房総、第三グループの北関東という、言わば二軍地域だったからこそ、わがままも許された。房総半島、北関東の御家人は、どちらかというと外様的で、譜代大名のようではない。そうした扱いではなかったかと私は考えています。

これは後にあらためて述べますが、「13人の合議制」のように、幕府の運営に関わる会議に入ってくる武士は、やはり一軍の南関東四カ国から選ばれる。逆にいうと、二軍の房総や、北関東から入ってきた人物については「それはなぜか」ということを考えなければなりません。

さらに奥州について述べておくと、奥州藤原氏は、鎌倉幕府に滅ぼされます。奥州にしかるべき勢力がいなくなりますと、鎌倉幕府はそれまで頑張ってくれたということで御家人たちに奥州の地を分け与えた。結果、完全に関東地方の武士の草刈り場になってしまいます。鎌倉武士たちは「承久の乱」(一二二一)以降に西に進出するよりも先に、まず東北地方に勢力を伸ばしていたのです。

たとえば平泉のすぐ近くに骨寺というお寺があります。ここに古い絵図が残っている。現地に行ってみると絵図の通りの地形があって面白いのですが、その土地に誰が入っていたかというと葛西氏。現在でも江戸川区に葛西という地名がありますが、江戸川のあたりを本拠にしていた葛西という有力な武士がいて、その葛西が骨寺の土地も領有していた。のちに葛西氏は武蔵から奥州に本拠を移し、そして東北地方の戦国大名として成長していくことになります。そして豊臣秀吉に潰されるのですが、興味深いことに、その骨寺の近くに小岩という地名があります。この小岩はどう考えても江戸川の小岩でしょう。現在では夜の繁華街が有名な地域ですが、関東の武士たちが奥州に進出するにともなって、小岩の地名も奥州に移っていました。

3 政治と教養、そして頼朝をめぐる女性

そして次の尺度は「政治と教養」。これは「文官と武官を分けて考えましょう」ということです。

鍵は文官にあり

他の有力武将と頼朝は、どこが違っていたのかというと、彼の特徴のひとつは、旗揚げ当初から文官を集めていたところ。頼朝が身の回りに集めた集団が後に幕府になっていくわけですが、彼は最初から「自分たちが目指す権力体を維持するためには、腕っ節の強い奴ばかりではだめだ。事務能力がある人材が必要だ」とわかっていた。その前提として武士は文が全然だめ。そもそも字を書くことも、読むこともできませんでした。

『吾妻鏡』によると、彼は旗揚げのときから大和判官代邦通《やまとほうがんだいくにみち》（生没年不詳）という人をヘッドハンティングしている。この人は藤原邦通と呼ばれることが多いのですが、本当に藤原氏の血縁かどうか、証拠がまったくありません。「あの人はどうも京都にいたらしいよ」と言ったくらいの人物がたまたま伊豆にいて、それを頼朝が「俺に仕えないか」とへ

ッドハンティングしたのです。

この人は、前歴としても何をやっていたかもわからない。はっきり言って筋は悪いです。今、三嶋大社に行くと、頼朝が旗揚げの直後に出した下文があります。これが後に頼朝の袖判下文という形で定着する文書に比べるとまことに拙劣で形式が全然整っていない。だから頼朝文書研究の第一人者と言われる黒川高明先生などは、「あの文書はなってない。偽物ではないか」とおっしゃっているほどです。

しかし『吾妻鏡』に頼朝が文書を出し始めたことが書かれていて、三嶋大社にある文書と本文の中身は違いますが、同じ形式をしています。日付も同じ。それに書式がなってないといっても、「正式な書式」などいうものは誰が決めるのでしょうか。後に頼朝の政権が機能しはじめてから、その書式が定まっていったわけですから、いちばん最初に出した文書と後の文書を比べたら違っていて当然ではないかと思います。

おそらくその「なっていない」文書を書いたのは大和判官代邦通です。初期の文官は、その程度の、何処の馬の骨か全然わからない人だった。しかし勢力が大きくなり、やがて鎌倉に入って権力が安定してくると、頼朝はさらにどんどん文官を集め始めます。彼らは京都では食いっぱぐれている人々で、そうした人材を「あなたは力があるのに京都では活躍できない。だったら関東に来ませんか」と誘って鎌倉に呼び寄せた。そうすると文書も立派なものになっていくわけです。

頼朝はいずれ文書行政をやることになると、最初からわかっていた。きちんと文書という形でエビデンスを出しながら進めていかないと、武士たちがついてこない。それを最初からわかっていたのです。

そこまでの配慮は後の徳川家康ですら行っていないのではないでしょうか。将軍の力が大きい時代になると文書行政に頼らなくとも武士たちはついてくる。だから文事に明るい武士が政治をすればよい。しかし頼朝の時代は、そもそもはじめて武士の政権をつくろうとする段階でした。その時点で、文官が必要だとわかっていたあたりは、彼の凄いところだと思います。

頼朝は多くの文官を登用し、その文官たちは幕府において力を持っていた。だから「13人の合議制」を考えるときに、文官の動向はきわめて重要で、まさに「鍵は文官にあり」ということになります。

後に詳しく述べていきますが、「13人の合議制」の他のメンバーたちには、腕っ節の強い者や発言力の大きい者はいた。しかし彼らは北条時政ほどに「権力を維持するために文官が必要だ」ということを、意識できていなかったのではないでしょうか。頼朝と同じく時政は文官の大切さを知っていた。だから彼は文官をいち早く味方につけた。それゆえにこそ北条氏は政権を維持することができたのだと考えています。

女性の縁が人材をつなぐ

そして最後の尺度は、「頼朝をめぐる女性」です。これは恋愛関係の話ではないのです。頼朝の妻は北条氏から出ていて、その北条が発言力を持つことは有名な話ですが、頼朝に関わりのある女性というと、妻や愛人だけはない。「乳母」たちのことを考えなくてはなりません。

頼朝の乳母として複数の人の存在がわかっています。まず、もともと源氏ともっとも関係の深い家である山内首藤《やまのうちすどう》の山内尼（生没年不詳）。山内首藤は源氏歴代の乳母を出してきた家で、頼朝の祖父の源為義《ためよし》（一〇九六－一一五六）の乳母、父の義朝の乳母、頼朝自身の乳母もみなこの家から出ています。代々、乳母を出すということは、最初の一人、二人であれば、ちょうど若君が生まれたときにお乳が出る女性がその家にいたということもあるでしょう。しかしそこまで都合よく若君の誕生のときにお乳をあげられる女性がいるわけ

山内首藤氏系図

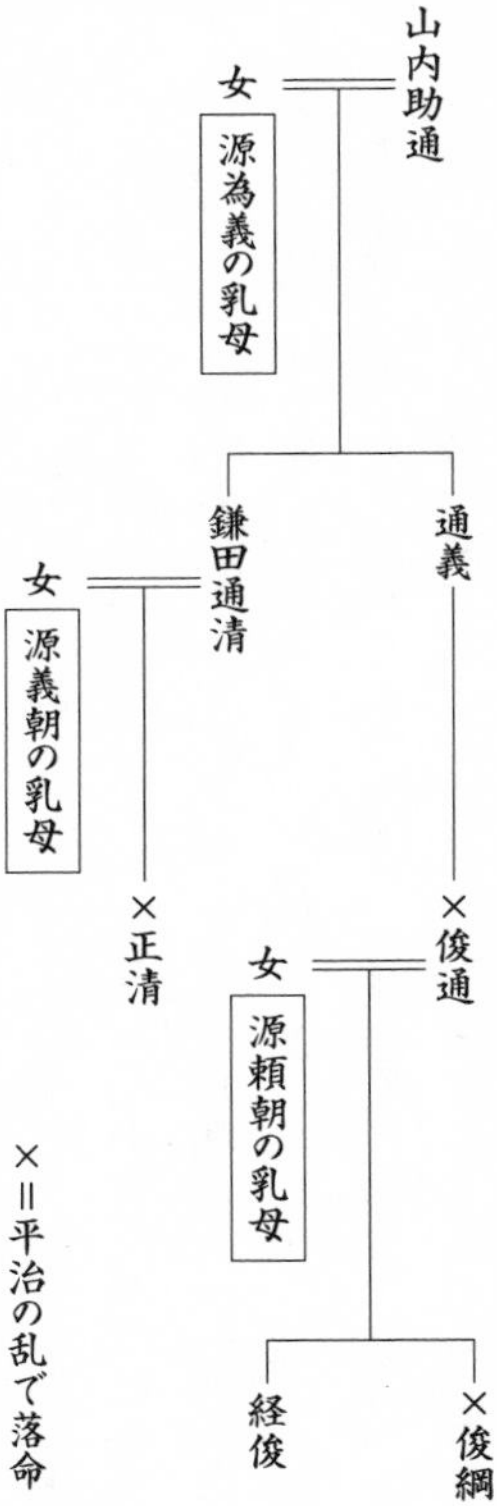

はないので、お乳があげられるかどうかは形の上だけのこと。要するにこの家の女性が、主君の奥さんに代わって子どもを養育する務めを果たしていた。言ってみれば源氏のいちばんの郎党ということになります。この家はもともと相模に本拠を持ち、鎌倉も山内首藤の領地の一部でした。その家の女性が一人目の乳母。

そして二人目が比企尼《ひきのあま》（生没年不詳）です。比企尼は頼朝にとっての本当の母のような人で、比企氏の女性です。

三人目が寒河尼《さむかわに》（一一三八－一二二八）という人。この人は「13人の合議制」にも選ばれた八田知家（生没年不詳）の妹で、下野のトップである小山家の当主、小山政光（生没年不詳）の後妻になる。小山政光と寒河尼の間に生まれた武士が結城朝光《ともみつ》（一一六七－一二五四）です。結城朝光は、頼朝の旗揚げのときに十四歳。頼朝の男色の相手であったとか、頼朝の隠し子であったなどの話があるのですが、それらはおそらく嘘でしょう。この人は後に、梶原景時《かげとき》（？－一二〇〇）失脚の際、表舞台で動くことになります。

　ここまでの三人は武士の家の出身者ですが、さらに実はもう一人いた可能性があります。それは文官の三善《みよし》康信（一一四〇－一二二一）に関係する人です。先に述べたように頼朝は初期から文官の人材を集めていた。そうして集められた文官の中でも、京下り官人の三善康信の伯母が頼朝の乳母だったと言われているのです。

　その乳母が、もしかすると第四の女性となるのか、それも先に述べた三人の中の誰かにあたるのかどうかはわからない。実際に、たとえば比企尼の長女は、近衛の下っ端の家来のところに嫁に行っているくらいで、比企尼はどうも「平治の乱」の頃まで京都で暮らしていたらしい。だから比企尼の妹になる女性が、三善康信の母ということもあり得そうな話ではあるのです。源氏の家は格下ではあるものの貴族。だからこそ関東で武家の棟梁として偉そうにできるわけで、そうすると三善康信くらい下っ端の官僚であれば、そこと縁続きの女性が頼朝の乳母を務めていた可能性はあるかもしれない。

ただ、もし本当にその通りであれば、史料の中に「三善康信の伯母は、誰々にあたる」という記述が出てくる気がするのです。今のところは「下級貴族の家の出身者の四番目の女性がいた可能性がある」という程度に、考察はとどめておきましょう。

まとめると頼朝の乳母については三人の女性の存在が確認できて、さらに四番目の女性もいた可能性がある。このことを「13人の合議制」を分析する要素として加えておきます。

身分秩序。関東の地理。文官と武官。頼朝をめぐる女性。それだけ尺度を用意しました。さあ、「13人の合議制」を分析していきましょう。

ただしその前にまず、頼朝以前の関東、いわば前日譚、「鎌倉幕府ゼロ」のところから、見ていきたいと思います。

第二章

頼朝以前

1　前九年の役――『源威集』の嘘

頼朝はなぜ義朝を尊敬するのか

『吾妻鏡』について、以前から不思議に感じていたことがありました。『吾妻鏡』の中の源頼朝は、折に触れて父の義朝を追慕しているのです。

たとえば勝長寿院という立派なお寺を建てて、義朝の遺骨をそこに納めてみたり、ほかにもしばしば追善供養をしてみたりと、父が頼朝にとって大切な人だったと思わせる記事が『吾妻鏡』に散見されるのです。しかしふつうに歴史好きの目から見ると、率直な感想として、源義朝は大していいところがない人物のように感じられるのです。歴史舞台の登場人物としての彼は「平清盛の引き立て役」。平清盛と比べると、その振る舞いがいちいち情けない。いちばん情けない代表例を挙げてみましょう。

「保元の乱」（一一五六）においての源義朝は召に応じて後白河天皇側につく。そして平清盛と轡《くつわ》を並べて戦い、勝つ。この時は勝ち組についたので、それはよかった。この時、清盛は三百騎を率いていたと言われています。源義朝は二百騎。平家には本拠地の伊勢が京都に近いという地の利がある。一方、源氏の本拠は東国ということ考えると、義朝も頑張ったということなのでしょう。

しかし「保元の乱」の後、平清盛は現代で言えば兵庫県知事にあたる播磨守になる。義朝のほうは左典厩《さてんきゅう》、つまり左馬頭《さまのかみ》です。こちらは馬を管理する監督。播磨守は、京都に近く、また国も大きいということで、当時の県知事のなかでもいちばん旨味のあるポストとされていました。一方、左馬頭にはそんな話はない。さほどおいしくなかったに違いない。しかも清盛は、播磨守の後に、さらに九州の太宰府を統括するポストの太宰大弐《だざいのだいに》に出世します。

これが不満だった義朝は清盛が不在のときを狙ってクーデターを起こす。「平治の乱」（一一五九）です。しかし彼の目論見は失敗し、平清盛に破れて討ち取られてしまうことになる。こうした経緯から見ると義朝の人生は、失敗者の人生なのです。

義朝の何が情けないかと言うと、平治の乱での振る舞いです。せっかく命を懸けてクーデターを敢行し、一時は成功した。そして除目が行われ新しい人事が発表される。「武力で実権を握り、自身で人事を決める」という状況ですから、この瞬間だけは、どんなに偉くなってもいいはず。しかしその除目において義朝は、なんと播磨守になるのです。なんでしょうか、この情けない野望は。よほど清盛の播磨守が羨ましかったのか、と感じるところです。播磨守で満足してしまうあたりが、彼の人間の器の小さいところだったのかもしれません。

もうひとつ、義朝のかっこ悪いエピソードを挙げると、彼は清盛が皆を連れて熊野詣《もうで》に行った留守にクーデターを起こしたわけです。「このタイミングなら、清盛もなかなか京都に帰ってこられないだろう」という計算あってのことでしょうし、京都でクーデターが起きれば、さまざまな勢力が蜂起して、うまくすると清盛が途中で討たれてしまうことも期待したのかもしれません。しかし清盛はてきぱきと迅速に行動して京都に帰ってくる。その情報が入った途端に、義朝は「あ、負けた」と言ってしまった。まともに戦って勝つ見込みがなかった。その見方は正しかったわけですが、大将がそれを言っちゃいけない。そうした情けないところが義朝にはあります。

強力な父権では説明できない追慕

清盛については、もちろん欠点はある。しかし人間が大きく実際に成功もしている。それに対して義朝は「失敗した人間」という印象が強すぎる。そうした父親のことを、なぜ頼朝があそこまで慕っていたのかが、いまひとつよくわかりませんでした。

もちろん当時の社会においては、家父長権がまことに強力です。だから、父親を尊敬し、敬慕するといったことはあったかもしれない。しかしそれにしても、他の祖先たちより思慕の思いが強い。

ちょっと脇道にそれますが、強力な家父長権の下でなぜ父親を敬うかというと「悔返し」があるからです。武士社会においては、父親が生きている限り、すでに譲られたものでも、息子から取り返すことができた。しかもその権限は法的にも、たとえば鎌倉幕府の御成敗式目でも一〇〇パーセント認められていた。

たとえば現代の社会において、父が起業して、息子の太郎と二人三脚で一所懸命働いて会社を軌道に乗せたとします。そしてあるところで親父が「俺はもう齢だから、お前にすべてを委ねる。後は頼むぞ」ということで太郎に権限を譲り、自分は会長などになって一線を退く。ところが、やることがなくなって会長が夜の遊びを覚え、若い女性と出会い、結婚して子どもも授かった。そうすると若い妻から夜な夜な「ねえ、パパ。私が産んだ次郎ちゃんにも何か残してあげてちょうだい」と言われるわけです。それでもういい齢した会長が血迷ってしまい「よし、会社は次郎に継がせよう」などと言い出して、太郎に「やっぱり次郎に継がせるから、おまえは退け」と言い出すような事態も、ないわけではありません。

しかし現代社会であれば、世間の反応は「血迷ったか親父」ということになりますし、法的にも認められません。しかし鎌倉時代であれば、親父が正しいのです。一度、息子に与えたものを取り返すことは「あり」で、法的に認められている。太郎は可哀想にすべてを失うことになるのです。そうすると、たとえば子どもが複数いたとしたら、当然のことながらみんな跡取りになりたいわけで、一所懸命に親孝行競争をして、奉仕することになります。

しかしそれも生きているうちの話ですから、父親が亡くなってしまったら、さすがにどうしようもない。だからもう奉仕する必要はない。しかし頼朝の場合は、亡くなった父に対して一所懸命、お寺を建てたり供養をしているわけですから、これはよほど父親のことを敬慕していたと感じられるわけです。

それはなぜなのか。では義朝という人の人生を、もう一度あらためて見るべきだな。そう考えて、頼朝以前の源氏を調べてみました。

八幡太郎義家の政治力

　武家の棟梁としての源氏の伝説、源氏の物語は、東北の舞台から始まります。奥州において「前九年の役」（一〇五一−一〇六二）「後三年の役」（一〇八三−一〇八七）という戦いがあり、その鎮圧に向かった者が源氏の親子。源頼義（九八八−一〇七五）と、その息子の八幡太郎義家。このふたりが奥羽の兵乱を鎮圧し、源氏の名が一躍轟き渡る。特に八幡太郎義家の存在は、武士の鑑として語り継がれることになります。そしてこの兵乱の時に、関東の武士たちはみな源氏と主従関係を結んで奥州の地で戦い、以降、関東といえば源氏の基盤という話になっていくわけです。

　阪大の教授をなさっている川合康さんは、この東北における源氏の成功が頼朝出現の基礎になっていると指摘しています。だからこそ頼朝は、奥州藤原氏を滅ぼしたときに、わざわざ義家の伝説の伝わる厨川《くりや》に関東の武士たちを勢揃いさせて、かつての源氏の成功を追体験させた。そのことによって「俺たちは昔から主従だった。これからもともに戦おう」と、絆を結び直した。ここで源氏と関東の武士たちの主従関係が再確認されて、本当の意味での鎌倉幕府の出発になる。こうした「源氏の成功のルーツは東北にあり」という説を受け入れる若い研究者も出てきています。

確かに八幡太郎、源義家という人は器量の大きい人でした。彼は抜群の武士として、白河上皇（一〇五三－一一二九）の御所への昇殿を許されるという快挙を成し遂げます。

これは有名な話ですが、当時、白河上皇に仕えていた大江匡房《おおえのまさふさ》（一〇四一－一一一一）という、大江広元（一一四八－一二二五）の先祖にあたる学者系物知り貴族がいて、この人は読書人ですから孫子など兵法の本もよく読んでいるわけです。その貴族が八幡太郎義家の話を聞いて「惜しいかな。兵法を知らない」と口にした。八幡太郎義家は立派な武士であるけれども、本当の意味での兵法、軍事を知らないのが残念だということを言ったのです。それを伝え聞いた八幡太郎義家は大江匡房のところへ行き「どうか私に兵法をご教示ください」と頭を下げ、兵法を教わった。

それが戦いのときに活きることになります。戦場で空を見たら雁が列を成して飛んでいた。それがあるところで列が乱れる。「これはその下に伏兵がいるということだ」と勘づいて、偵察を出すと、まさにそこに兵が潜んでいた。義家は見事にそれを打ち破って戦いに勝利し、京都に戻ったときに「先生のおかげで勝利することができました」と感謝したという話が伝わっています（『古今著聞集』）。

しかしこれなどは、言ってしまえばちゃんちゃらおかしい話で、義家にしてみると、大江匡房の言葉など、現代で言えば、野球選手が、野球の理論書だけ読んでいるずぶの素人に「あいつは野球を知らない」と言われたようなものだったはずです。それで素直に教えを請いに行くかというと、そんなことはふつうはしないでしょう。野球でなくとも、実際に現場に出ている人間のほうが当然のことながら感覚が研ぎ澄まされているわけですから、机上の空論を語っているだけの人間から学ぶことなど、なかなかないものです。

ですが八幡太郎義家は、そんなことはわかった上で、「先生に教えていただいたおかげで私は成功いたしました」と貴族に花を持たせるだけの器の大きさがあった。つまり、この話は、言わば巧妙なお世辞、ある種の政治なのだろうと感じて私などは読むわけです。八幡太郎義家という人は戦場の勇者であるだけではなく、貴族社会に溶け込もうとする努力も忘れなかった。そうした視野をも併せ持つ大きな人だった。大江匡房も悪い気はしない。「そうか、そうか」とよろこんだことでしょう。

源氏の挫折

ところが次の世代につまずきがあらわれる。義家の息子の源義親《よしちか》（?―一一〇八）は、武力というよりもむしろ暴力性を剝き出しにしてしまう人で、行った先々で喧嘩する。国司に任命されても赴任した先で乱闘騒ぎを起こし、最終的には追討の対象になって首をとられてしまいます。

さらに義親の息子の源為義は、父がそうした形で謀反人になってしまったので、そもそもハンディを背負いながら貴族社会にデビューした。しかもこの人もまたまったく自分の暴力性をコントロールできなかったらしい。検非違使尉《けびいしのじょう》、つまり警察官僚には任命されたのですが、貴族社会に非常に嫌われてしまった。貴族は、暴力を誇示する人間は認めないのですね。やはり義家のように、自分の暴力性をうまく隠して、雅やかな対応のひとつでもできないと貴族社会で生き残ることはできない。

平家の人々はそうしたことが非常に上手で、歌も詠めるし楽器も奏でられたということなのでしょう。しかし為義は本当に粗暴な人間だったらしく、彼のキャリアは検非違使の下っ端の役職で終わってしまいました。

その為義の息子が源義朝になるのですが、せっかく先祖の頼義、義家親子が隆盛を築いてくれたにもかかわらず、その次世代に質の悪い人が二人続いたものだから源氏はすっかり落ち目になっていた。義朝は落ち目の源氏を再興しようといって「保元の乱」(一一五六)で頑張ったが、「平治の乱」(一一五九)で失敗してしまった。これがだいたい、一般に共有されている源氏のストーリーになります。

ですがこれをもう一度見直してみよう。そこで私が参照した史料は、まずひとつは『源威集』です。

『源威集』が語る源氏成功の物語

『源威集』は南北朝時代に成立した物語です。作者は具体的には記されていないのですが、その叙述をふつうに読む限り、どう考えても結城の家の人である結城直光（一三三九－一三九五）です。彼の家は後に徳川家康の次男の結城秀康に繋がっていく武士の名門。ところが、素直に読むとそうとしか捉えられないのに、妙にうがった読み方をして、「佐竹の一族の山入という人が作者だ」と言う説を出した研究者がいます。

『源威集』の場合、そもそもが「源の威の集」でしょう。これは藤原氏出身の結城直光が、自分の子や孫に説き聞かせた本。源氏の名門出身の足利尊氏が将軍になっているという事実を踏まえて、武士は源氏だけではなく、平氏や藤原氏などいろいろあって、歴とした武士は、どこも元を辿れば天皇家などに繋がる立派な血筋。しかしその中で、なぜ源氏だけが偉そうにしているのか、なぜ源氏だけがこれほど威を誇っているのか。その理由はなにかについて語っているのです。

しかし佐竹の一族が著者だとすると、佐竹自身が源氏なのです。だからわざわざ「なぜ俺たちだけが偉いのか」などと語る必要はない。それなら、同じ源氏の中でなぜ足利だけが、というほうが議論がきわだつ。もちろん無理な解釈をすることはできますが、素直に「うちのように立派な流れの家はあまたある中で、なぜ源氏だけが特別なのかを教えよう」と受けとめたほうが、この物語がつくられた理由も理解できるし、意味が通るのです。

その『源威集』の中で語られる物語が、まさに奥州での源氏の成功です。奥州で源氏は成功した。だから源氏は武家の棟梁として認められるに至り、そして源頼朝はその流れを受けて将軍になった。さらに、足利尊氏様は頼朝の真似をして、その再来であると言わんばかりの振る舞いをして将軍になられた。だから今、源氏が天下を治めているのである。そうした論理になります。

この物語は、非常にわかりやすい。直光は子どもたちに「うちは藤原氏で将軍にはなれないが、そうした事情をきちんと理解した上で頑張ろう」と伝えているのですね。

実際に調べてみると、奥州由来の源氏成功の筋立ては、平安時代においてさまざまな説話で述べられており、鎌倉時代にも言及はされている。しかし、室町初期になると、あらためて結城直光という武士の口からもう一度、語り直す必要があった。ということは、東北から始まった源氏の物語は、貴族社会では共通認識になっていたかもしれない。しかし武士社会では事情が違った。自明のものとして共有されていたわけではなく、「おじいさんが教えてあげよう」と言って、説き聞かせなければならない物語だったわけです。そうすると、かなり問題がありそうな気がしてきませんか？

もちろん頼義や義家が東北地方で大きな働きをしたことを否定するつもりはない。しかし川合康先生が明らかにしているように、奥州藤原氏を潰したときに頼朝は、「自分の先祖と、かつての関東の武士たちとの絆を、俺とお前たちとの間でもう一度結び直そう」と再確認した。頼朝自身がかつての絆を持ち出し、あらためて提示するわけですが、もし本当にその絆が自明の常識であれば、そのように強調するものだろうか。ここのところが引っかかるのです。実際にはその絆は「物語」の中にしか存在しない、ある種のファンタジーだったのではないか。

そう考えると「前九年の役・後三年の役から源氏と関東の武士たちは主従となり、ずっと一緒に成長していった」という流れを、単純に史実として受け止めることはできなくなります。

2　源義朝の達成

負け男義朝の真実

ではさらに、義朝の行動を調べてみましょう。あらためて確認しておくと、鎌倉幕府の有力御家人たちの出自は源氏ではなくみな平家です。だから「源平の戦い」など迂闊に言って、源氏対平家という構図を想起してしまうと、このところの重層性が見えなくなる。

先に述べたように、そもそもまず僻地の関東地方にやって来て大土地所有を始めた人々は、まず平家でした。平家が土地を開拓し、やがて平将門たちが出てきた。そして成果を上げると美味しいところを吸収して伊勢に移っていった。その、言わば残り物を漁りにきたのが源頼義、義家の親子ということになります。

もうひとつ考えなくてはいけないのは、完璧な武人として認定されていた八幡太郎義家の息子でありながら、謀反人に落ちた源義親。「彼は乱暴者でダメだ。追討しないと」ということで、白河上皇が白羽の矢を立てた武士が、平清盛の祖父である平正盛なのです。上皇は正盛に「義親を討て」と命令し、正盛は見事にやり遂げた。というところから白河上皇は、平正盛とその子どもたちを重く用いるようになるわけです。

　それまでの源氏は上皇よりもむしろ摂関家と結びついて勢力を伸ばしていました。だから強力な院政を敷いていた白河上皇としては、摂関家の手垢のついていない、自分の手足となる武士を探していたのでしょう。そこで平正盛を見出した。その後の正盛、息子の忠盛の親子は、白河上皇、鳥羽上皇（一一〇三－一一五六）に仕えて、西国の国司を歴任し、富を蓄積していく。

　その状況を見ると「東国の源氏、西国の平家」というライバル関係にすぐ落とし込むことができるわけですが、そう捉えてはいけない。「先進地帯で発展する平家、平家が去った後の田舎に居場所を求める源氏」と見ないと実情に迫ることができません。

　東と西では価値がまったく違う。播磨がいちばん実入りのいい国だ述べましたが、さらに大きく東西で比べると、東国に比べて西国のほうがはるかに豊か。「東の源氏、西の平氏」と言って、しのぎを削る競争相手と対比するのは妥当ではない。平家は実入りのいい国の国司を歴任しており、最初から上だった。そのように見る必要があります。

　頼義、義家の親子も確かに成功した。それでやっと源氏は伊予の国司にはなった。伊予は西国の、今で言う愛媛県で、そこは富裕の地です。ちなみにのちに義経（一一五九－一一八九）も伊予守になりますね。しかし西国はそれくらいで、先進地帯の本拠を持つ平家の繁栄と比べると、貧しい東国を基盤にしていた。しかもそこで無能力者が二代も続けて出てしまったものだから、すっかり落ちぶれてしまっていたのです。つまり「前九年の役・後三年の役」からずっと源氏と東国との関係が続いていると考えてしまうと見誤る。そこには連続性はない。断絶している。

そうした状況をあらためて確認すると「義朝は一体、なにを成したのか」という問いについて、これまでとは違う観点から見直さなければいけない。『謎とき平清盛』という本で個別事例を見直したのですが、要するに、そもそも関東で源氏の基盤をつくったのが義朝なのです。

単身、関東に乗り込んだ義朝

父の体たらくを見ていた義朝は、このままでは源氏は落ちぶれるままだということで、単身、関東地方に乗り込んだ。義朝がまず頼ったのが、鎌倉を含めた相模に領地を持つ山内首藤です（72頁参照）。この家は、先にもふれたように代々源氏の乳母を出してきた家で、もともと源氏とは深い関係性を持っていました。後に「平治の乱」（一一五九）に破れた義朝が関東に落ちていく時、最後まで義朝と行動して、殺されるときも一緒だった鎌田正清（一一二三―一一六〇）という武士がいます。彼がまさに山内首藤で、子どものときから義朝と一緒に育った。鎌田の舅が知多半島にいる長田家で、この家を頼って厄介になっていたときに襲われて義朝と鎌田正清はともに命を落とすことになります。

鎌倉の建長寺のあたりがだいたい山内首藤の土地。この家との縁で、義朝は鎌倉に拠点を持つことになったのだろうと考えています。

次に義朝が頼ったのが鎌倉のすぐそば、三浦半島を本拠とする三浦。ちなみに、この三浦には、三浦為継（生没年不詳）という有名なご先祖様がいます。この人は「後三年の役」に従軍した。梶原景時のご先祖様の鎌倉権五郎《ごんごろう》（生没年不詳）が敵の矢で目を射られてしまった。それで為継に抜いてくれと頼んだのですが、深く刺さっていて抜けない。そこで顔を踏んづけて無理に抜こうとしたら「武士の顔を土足で踏みにじるとは何事か」と激怒されて殺されかけたという有名なエピソードの持ち主です。義朝は、この三浦の娘とも、遊女とも言われる、ともかく三浦の庇護を受けていた女性との間に子をなして、その子が長男の悪源太義平《あくげんたよしひら》（一一四一―一一六〇）となります。

そしてもうひとつ義朝の後ろ盾になって支える家になるのが波多野（140頁参照）。この波

三浦氏系図

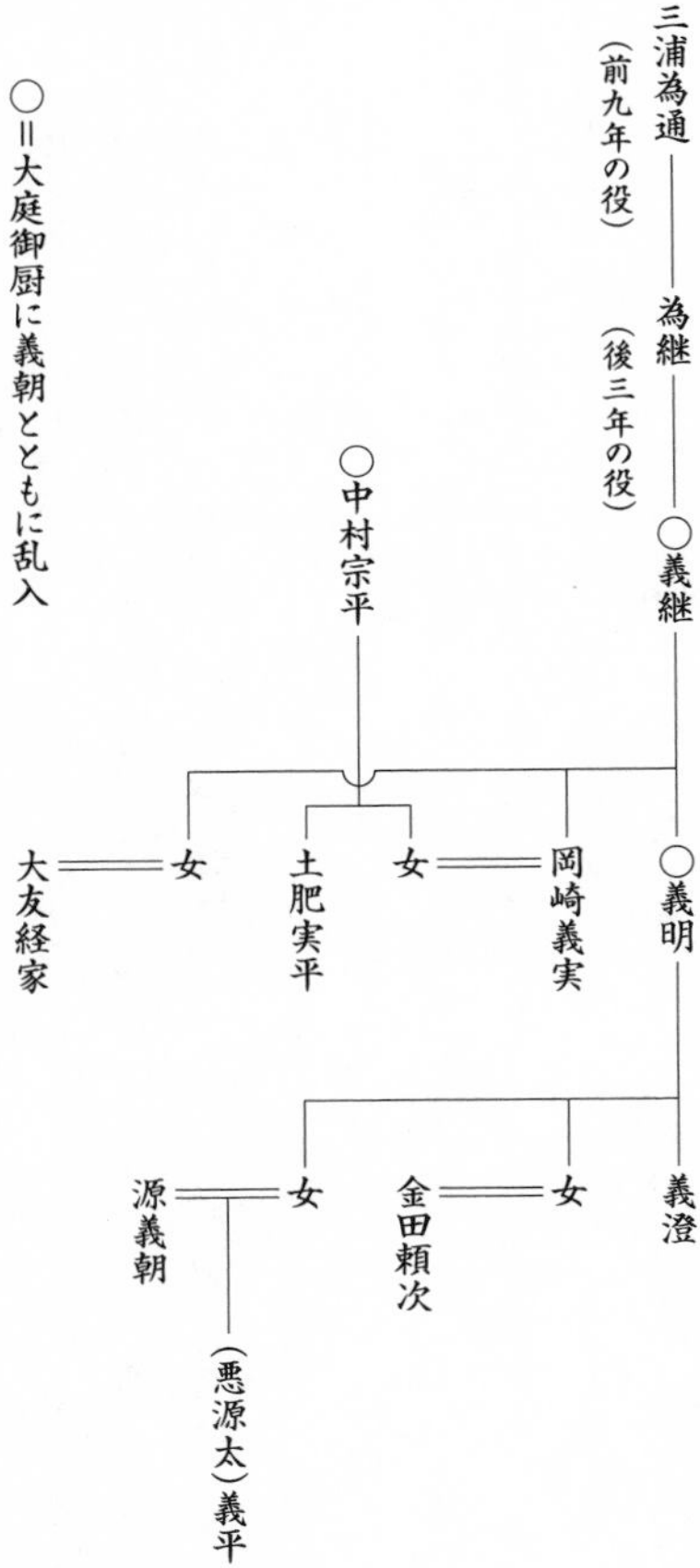

多野の娘との間には次男の源朝長（一一四四－一一六〇）が生まれています。

こうして義朝は、まず縁の深い山内首藤を頼り、さらに相模国を中心に三浦とは旧交を温め、波多野とも「昔から俺の家とお前の家は絆があった」という形で関係を結び、力を蓄えていった。そうした義朝が次にどこに向かうかというと、三浦半島や横須賀あたりからだと、海の向こうに房総半島が目の前に見える。実際、船に乗ればすぐ行くことができるわけです。義朝はその房総に向かった。これは後に、石橋山で敗北した頼朝が船に乗って房総半島に脱出したのと同じ道。恐らく、頼朝の脳裏には、父がかつて勢力を広げていった時にたどった道のことがあったのでしょう。

義朝は房総に行き、そこで上総広常と親交を深める。上総広常は、「その国にその人あり」という有力な武士の中でも、特に頭ひとつふたつ抜けた勢力があり、ほとんど上総国をまとめ上げるくらいの力を持っていた。その強力な上総広常と関係性を持つことによって、義朝は「上総御曹司」と呼ばれるようになります。「上総広常のところで世話になっているお坊ちゃん」といった意味ですね。このようにして義朝は関東での地盤を築いていった。

義朝が築いたリーダーの原理

さて義朝はただ関東の各勢力を漫遊して世話になって回っていたわけではありません。彼の関東における行動の中に、武家の棟梁、後の将軍、つまり関東の御家人たちが自分たちのリーダーに求めた「機能」の本質がありました。そのことは一一四三年の「相馬御厨《みくりや》乱入事件」と一一四四年の「大庭《おおば》御厨乱入事件」という、二年に渡って義朝が続けざまに起こした事件が如実に物語っています。

相馬御厨とは現代の福島の相馬ではなく、千葉の我孫子のあたりに広がっていた大きな荘園のこと。伊勢神宮の荘園なので御厨という呼ばれ方をするのですが、その相馬御厨の支配をめぐって争っていた房総の勢力が上総広常と千葉常胤でした。そのとき義朝は、自分を上総御曹司として世話をしてくれている上総広常のために、上総広常本人と、おそらく近隣の武士たちを率いて相馬御厨に乱入し、「千葉常胤に従うならばこうなるぞ」と暴れ回った。千葉常胤は降参し、「私も義朝様の家来になります。主従関係を結ばせてください」ということになります。

大庭御厨は茅ヶ崎付近の巨大な荘園です。これもまた伊勢神宮領だったので御厨という呼ばれ方をするのですが、この大庭御厨を支配していたのは、のちに頼朝と石橋山で戦うことになる大庭景親《かげちか》（?－一一八〇）です。この大庭景親と対立していた勢力が具体的に誰だったのか、よくわかっていない。しかし、とにかく義朝の従者となった武士が「義朝様、あの跳ねっ返りの大庭景親をやっつけてください」とすがり、義朝はその要請に応えた。

義朝が率いて、大庭御厨に乱入したメンバーのほうはだいたいわかっています。三浦や、のちに頼朝に仕える土肥実平《どひさねひら》（生没年不詳）の父・中村宗平など、互いに血縁のあるような関係の深い武士たちが一緒に乱入しています。大庭景親もまた戦闘を交わした後に降参し、義朝の従者となります。

どちらも御厨で起こった事件のために伊勢神宮に史料が残っていた。そのため、このふたつの出来事が後世に伝わって有名になりましたが、義朝たちはおそらく各地で同じようなことをやっていたのでしょう。

自分に従う武士の誰かが、「土地を取られて困っています」という話になると、「よし、じゃあみんな行くぞ」ということで、手下の武士たちを率いて戦いに行く。そして、相手を降参させて、自分の手下の武士の支配権を認めさせる。相馬御厨のほうでは、千葉常胤が上総広常の権利を認めたことがわかっています。大庭御厨のほうでも、自分の「身内」の武士の権利を、大庭景親に認めさせたことでしょう。

「義朝様、困っています」「よし、今からみんなで行くぞ！」。言ってみれば、ヤクザのカチコミですね。自分に従う武士たちを引き連れてカチ込み、相手に「参りました」と言わせると、「お前、ちゃんとわきまえろよ」ということで帰っていく。「一人はみんなのために、みんなは一人のために／ワン・フォー・オール、オール・フォー・ワン」の精神。

彼らがみなで義朝を主人として仰いでいるのは、誰かが困ったら義朝の指揮のもとみんなで仲間を助けに行くため。そうした形で鎌倉の武士たちは動くのであって、これはそのまま後の鎌倉幕府の行動原理にもなっている。源頼朝も、関東の武士のリーダーとしての自分の役割をきちんと理解していました。

義朝の地盤を受け継いだ頼朝

頼朝の場合は勢力が大きく、力が強くなったので、もはや体を張って抗争の現場に出る必要はない。「お前、わかってるな」と言うだけで、相手は「わかりました」と頭を下げる。しかし義朝は、そうはいかない。体を張って戦って、少しずつ勢力を築いていくことになりました。そうして父親が体を張って築いた勢力が下地になって、頼朝は関東全体の武士を従えることができたのです。

この見立てで考えると、頼朝の成した「関東の武士たちを従えて鎌倉幕府をつくった」という大きな仕事は、実は父が築いておいてくれた勢力圏があってこそ初めて可能だったということになります。

それは決して『源威集』が説くような、源氏の奥州東北での成功とは直接には繋がらない。義朝が一度は切れてしまった関東の御家人と源氏の繋がりを復元していったのです。それが義朝の残した功績だった。そう考えると頼朝が父に恩を感じていたことも理解できます。頼朝が感謝するべき存在は、かつて東北の地で成功した頼義や義家ではなく、関東で体を張って戦ってくれた父の義朝なのです。その地盤を受け継いだ本人だけに頼朝は「お父さん、ありがとう」という思いを持っていたのでしょう。

義朝のおかげで、自分に家来が生まれた。私は鎌倉幕府の実情について冒頭に述べたように「頼朝とその仲間たち」と表現していますが、その原型として「義朝とその仲間たち」がまずあった。彼らには「一人はみんなのために、みんなは一人のために」という、わかりやすいルールがあった。だからこそ「相馬御厨乱入事件」、「大庭御厨乱入事件」は、棟梁と武士たちの行動原理が確立されたという意味で、非常に重要な出来事だったと感じます。その原理が頼朝に受け継がれた。そうした展開になるのだと思います。

『源威集』のフィクション性

義朝が新しく勢力を築き直したということになると、『源威集』が説いた、あるいは頼朝自身が御家人たちの前で強調した「源氏の奥州における成功と関東の武士たちとの絆の物語」は、やはりフィクションになるのではないでしょうか。いや、史実として実際にあったことなのでまったくの虚構ということはないのですが、当時の武士たちにとってみると、それはすでに実感の希薄な伝説、昔話になっていた。

一度、主従関係が結ばれると、その後ずっと大事にされていくのかというと、そんな甘い世界ではないのです。たとえば、これは『源平盛衰記』の記事なので相当精度が落ちるのですが、「石橋山の戦い」(一一八〇)で頼朝が大庭景親と戦った際の記述があります。「大庭御厨乱入事件」で戦い、大庭景親は源義朝の軍門に下った。そこで明確に従者となり「保元の乱」(一一五六)の時も義朝の家来として京都に行き、義朝の指揮下で戦っています。ところがその大庭景親が、旗揚げした頼朝に対して敵方に回り、石橋山で彼を討ちに来た。その時、いわゆる言葉合戦というものが交わされています。これは戦国時代まで繋がっていくのですが、戦場で交わされる罵り合いのようなやり取りですね。

石橋山のときには、まず北条時政が出てきて、お前の家は昔から源氏の従者だったはずだ。それなのに頼朝様が出てきた今、なぜ弓を引くのだ。恥を知れ、というようなことを言った。これに対しての大庭景親の言葉が実に鮮烈です。「昔は昔、今は今。恩こそ主よ」と罵り返したというのです。今、俺は平家に恩賞をいただいている身だ。だから源氏など知らん。平家に忠節を尽くすのが当たり前だ、と。

後の江戸時代になれば、主従関係は三世の縁。「親子は一世、夫婦は二世、主従は三世」で、主従はこの世において主従であるだけではなく、過去でも主従、来世でも主従だということになります。そして「君、君たらずとも臣、臣たれ」ということで「無能で何も主人らしいことをしない主人にでも、家臣は家臣としての義務を果たさなくてはいけない」という考え方になりますが、これは当然、幕府や大名にとってみればありがたい話。だからこそそうした通念がまかり通るようになる。しかし中世の主従関係はもっとドライで、江戸時代のような深い結びつきの主従関係は、当時はない。むしろ「主人が主人らしいことをしなければ、そんな主人は捨ててしまえ」。その時は新しい主人を見つけろということで、主従の関係はあくまで社会契約なのです。

契約である以上、義朝が討ち取られ、その後に平家の全盛時代を迎えて、平家が恩賞をくれるなら「昔は昔、今は今。恩こそ主よ」。つまり恩を与えてくれる人が主人なのだと言う大庭景親の言葉は、それが当時の当然の、ふつうの考え方なのです。だから義朝がいかに勢力圏を築いたといっても、それが簡単に、自動的に、頼朝に受け継がれたわけではなかったことは、注意しておく必要があります。

源氏を裏切った家

いちばんひどい例が山内首藤です。山内首藤はこれまで述べてきたように歴代源氏の乳母を出してきた源氏の第一の郎党の家で、「平治の乱」(一一五九)では当主であり、頼朝の乳母の夫だった俊通《としみち》(?－一一六〇)が義朝に従って戦い、その息子の俊綱(?－一一六〇)ともども戦死しています(72頁参照)。その後、戦死した兄に代わって弟の山内首藤経俊(一一三七－一二二五)が家を継ぐのですが、彼は、平家全盛の世にあってこれ以上、源氏に対して忠節を尽くすのはバカバカしいと感じて、大庭と同じく石橋山で頼朝に敵対した。しかも積極的に頼朝のことを殺そうとします。

頼朝にしてみれば、他は許すことができても、縁の深い大庭や、特に山内首藤が敵に回ったことは許すことが出来ない。ということで、南関東をだいたい制圧して鎌倉に入ったときに、まず大庭景親の首を斬る。そして山内首藤経俊も斬首しようとした。

そこに、頼朝の乳母を務め、形の上にしろ頼朝に乳を与えたことのある山内首藤の山内尼が来た。この人は第一の郎党の家だっただけに、頼朝の乳母の中でももっとも格上の人だったと考えられます。この山内尼が「どうか先祖以来の源氏への貢献に免じて、一度だけ許してほしい」と嘆願した。頼朝はその山内尼に黙ってある矢を見せた。それは頼朝の鎧の肩のところ、袖に突き立っていた矢で、見ると山内経俊と彫ってある。

敵の大将を討ち取ったときに、ちゃんと「自分が討ち取りました！」と主張するために、当時の矢には一本一本に名前を書いていたのですね。そうして経俊の名のある矢を見せられた山内尼はすごすごと引き下がるしかなかったと、『源平盛衰記』にはあります。

しかし頼朝は、昔受けた恩を忘れない、優しいところがある人で、山内首藤経俊を殺さず、助けます。しかも伊勢と伊賀の守護にも任じた。伊勢と伊賀というと現代の三重県ですが、ここは伊勢神宮があるし、伊勢平氏の本拠だし、非常な重要な地域。むしろ厚い待遇をしたわけです。

けれども経俊自身にあまり才能がなかったらしく、結局その仕事に失敗し、幕府での発言権がないまま没落していきます。彼はもう関東にはいられないということで基盤を中国地方に移す。その後は毛利の家来となって生き延びたために、それほど量は多くありませんが「山内首藤文書」という史料が残っています。それを考えると研究者にとっては、山内首藤が助かったことがありがたい話でしたが、源氏の一番の郎党であったはずの山内首藤でさえも、敵に回ったわけです。当時の主従関係がいかに契約的な側面が強かったかということがわかります。

だから、かつて東北で戦って主従の縁が結ばれたからといって、それが代々受け継がれるようなことはまったくない。やはり源氏と関東の武士たちの縁は、義朝から始まる。その意味で「鎌倉幕府ゼロ」は義朝がキーマンなのであり、そうした彼の「達成」を、あらためて重要なものとして認識しておく必要があります。

兄弟で争うことが源氏の伝統

ちなみに、関東において勢力基盤を築くという義朝の達成に対抗した人が、源義賢《よしかた》（？－一一五五）です。源義賢は義朝のすぐ下の弟で、木曽義仲（一一五四－一一八四）の父にあたる人です。

義朝は南関東で勢力を築いた後、京都に帰ってくる。そして下野守に任命されます。義朝に下野守を与えたということは、朝廷も義朝の関東における活躍を認識していたのでしょう。ところが息子の義朝がようやく国司となったというのに、いくつになっても暴れん坊の父、為義は、息子の成功を素直に喜ぶことができなかった。ここで親子の不和が生じて、「兄貴よりも俺のほうがうまくやれる」という感じで、今度は次男の義賢が関東へ下向します。

けれども義朝が築いた、鎌倉を中心とした南関東の勢力に対して、義賢はなかなかうまく食い込むことができない。結局、今の群馬県、上野国の多胡荘をひとつの拠点にして、そこから武蔵に南下していこうとします。

先に「南関東四カ国が義朝、頼朝の親子にとってまず基本の地盤である」と述べましたが、その南関東に入ることができず、北関東の上野に拠点を置いた義賢の動きは、やはり「南関東四カ国が鎌倉武士団の中核。北関東はややアウェイ」という事情を示唆していると感じます。義賢はその北関東に拠点を置いた。

当時、源義賢を迎え入れようとした勢力が秩父党です。武蔵国でいちばん強く大きい秩父党が彼の後ろ盾になり、その後援を得て義賢は武蔵に進出していく。そして大蔵館というところに入るのですが、そこで義朝の命令を受けた長男の悪源太義平が大蔵館を急襲し、叔父の義賢を討つ。義賢の子どもの駒王丸は木曽に逃げて、のちの木曽義仲となります。

源氏は、自分の地盤をつくるために、互いに殺し合うのですね。源氏にとっては兄弟は、関東を誰がまとめ上げるかということで争う、ライバルとなるのです。

第三章

鎌倉幕府の成立

1　鎌倉幕府成立の意義

上総広常に共感

ここではもう一度、自分自身を批判しながら語ることになります。

先にも述べましたが、鎌倉幕府の成立について、かつて石母田正先生が「腐った貴族社会を打破する清らかな正義の味方、武士の台頭」というイメージで書き、井上章一先生がそれを批判していらっしゃった。私もまた鎌倉幕府の成立について「関東から新しく鮮烈な風が吹いた」と感じていた部分は確かにあって、その前提としてどこか「貴族社会は停滞し、腐敗したものである」という認識があった。

それは「日本はひとつ」という思い込みがあるからいけないのであって、基本的に日本は西高東低。先進地帯は西で、関東は僻地の田舎。しかし私は自分が東の人間ということもあって、「西高東低」を認めたくなかった。特に京都大学の先生などに「西のほうが進んでいる」と言われると、「自慢か？」と思って認めたくなかった。要するに私は、頼朝に殺された、上総広常型の人間だったのです。上総広常のほうに共感して頑張れと応援するタイプだった。

しかし西高東低であるからこそ、既存の権力に対しての反発が関東で起きることに、ある意味で必然性があった。権力に反発するというと、唯物史観においては「民衆が立ち上がる」ということを常に言いますが、実際に一般民衆が権力に逆らって立ち上がるのは室町時代です。鎌倉時代は、民衆はまだそこまでは成熟しておらず、立ち上がったのは武士階級でした。

しかし西国では立ち上がるほどの不満も溜まっていない。東北まで行くと、まだ社会基盤が発達しておらず、武士階級がなかなか育っていない。そうすると反乱が起きるとすれば、関東の地こそがふさわしかった。

以前の私は「どうせ立ち上がるのであれば、完全に朝廷を否定してしまえばよかったのに」と考えていました。権威だ伝統だなんだと言っても、結局、世の中を変えるのは武力。軍事を握るものは、社会を変革するだけの爆発力を持っている。軍事力を持つ頼朝であれば、もはや朝廷のことなど気にする必要はない、と私は感じていたわけです。だから幕府を独立した王権と見る「東国国家論」が世の中に受け入れられないことが不思議でしょうがなかった。

実際、中国であれば民衆が起こした反乱で時代が大きく変わります。日本人が好む三国時代も、そもそもは「黄巾《こうきん》の乱」(一八四)から始まりますし、秦が滅びて漢帝国が起こる際にも、きっかけは「陳勝・呉広の乱」(前二〇九)でした。農民階層が反乱を起こし、それが全国規模の内乱につながり、たくさんの人が命を落とす中で新しい動きが胎動してくるという形で歴史が動きます。

しかし日本の場合、それは当てはまらず、反乱が起きても多くの人が死んだりはしない。確かに暴力にはドラスティックに世の中を変えるだけのポテンシャルがあるのですが、しかし日本史では暴力が暴力として行使されることはあまりない。もし行使されても、予想外に大きな反発を生むことになる。このところが日本社会の性質を考えるときに非常に重要で、たとえば木曽義仲は、それをあまり意識せずに京都に入っていった。おそらく木曽義仲の軍勢は、劫略《ごうりやく》というほどの乱暴を働いたわけではなかったと思います。しかし違う環境で育まれた違う文化が京都に入った結果、強い拒絶感が示された。義仲はその拒絶感をおそらく暴力、武力という形で解決しようとしたのですが、そうすると総力を挙げての抵抗が待っていて、結果、彼は滅び去っていくことになる。

やはり貴族社会に受け入れられるためには、かつての八幡太郎義家のように巧みに立ち回る必要があった。逆に、自分の思う通りに動かない貴族を、首根っこをつかんで戦場に引きずり出すような暴力性は、日本史にはない。

ただし中世において法は権力を拘束しない

ただ、その一方で法的な話であれば、つまり「先行する権力に認められないと、正統な権力ではない」といった話であれば、私は今でも反発します。権力には正統性が必要だといった考え方は、少なくとも中世においては机上の空論でしかないと感じるためです。法がきちんと機能する、文明化された局面においては、そうした考え方も成立するでしょう。たとえば江戸幕府が結んでしまった不平等条約を、明治政府は「あれは無効です」とは言えなかった。近代社会では、日本の名前で一度結んだ条約を、一方的に否定することはできない。だから明治政府は、かつての政権が調印してしまった不平等条約を必死に改定する努力を行ったわけです。

しかしそれはあくまで近代になってからの話であって、中世ではそもそも法というものの地位が高くない。楠木正成（?－一三三六）が旗印に使ったという話は瀧川政次郎先生の研究によるとウソらしいのですが、かつて「非理法権天」という言葉がありました（伊勢貞丈の『貞丈家訓』)。これは「理は非に勝ち、法は理に勝ち、権は法に勝ち、天は権に勝つ」と読みます。この言葉において、法の位置は権より下。法よりも権力が勝り、その権力の上に天がある。

現代の感覚であれば、一度定められた法は権力をも拘束するものであるはず。しかし中世においてはそうではなかった。天というのはリアルではありませんので、現実には権力がすべてを決めていく。だから権力は、法の縛りも打破することができる。そして権力の源は軍事力。だから私は「軍事力を持つ幕府は、必ずしも先行する権力に正統性を与えてもらう必要性はなかった」と考えています。

ただし軍事力の視点から考えても、平安後期の京都の朝廷に軍事力がなかったわけではなく、先進地域である西国には朝廷の支配に服する武士たちがいた。それに対抗して関東があまり無理押しをしていくと、幕府にも相当なリスクがあった。私の反省はここにあります。西国の軍事力に対して「頼朝の持つ力がオールマイティである」という考え方は間違っていた。西国の脅威を低く見ていたところがあったわけです。

頼朝自身が、そこのところをしっかり理解していた。そのため、武力を武力として行使するのではなく、外交のカードとしてちらつかせながら、巧みに既存の権力と共存を図っていった。ここが頼朝の頼朝らしさであり、この人の優れたところなのだろうと感じます。

これはくどく言いますけれども、頼朝のそうした姿勢は、法的な問題、つまり「先行する権力に正統性を認めてもらう必要があった」というような机上の空論ではなく、あくまで現実に朝廷の支配に服する軍事力を見定めた結果のリアリズムに基づいている。その点では私は考えを変えているわけではなく、法学的、法政治的な捉え方をこの時代に当てはめるのはナンセンスだと、今でも考えています。

尊氏も、家康もやってない「文官起用」

しかし外交のカードとして使うためには、武力がコントロールされている必要があります。コントロールできない武力は暴力になってしまうわけで、それでは今の言葉でいうとサステナビリティがない。かつての木曽義仲のように、頼朝自身も制御できない暴力によって自滅してしまうことになるでしょう。だからこそ頼朝は、旗揚げした時期から文官を求めていた。武力を制御するために文官からなる官僚層を育てようとしていたのです。ここに源頼朝という人の、武士の政権誕生における存在意義がありました。

だからこそ文官の存在が鎌倉幕府の、特に成立期には重くなってくる。その重みを認識しておかないと、「鎌倉殿の13人」の分析はできないでしょう。

「京都の貴族から文官を連れてくる」というと、当たり前のことのように聞こえるかもしれません。しかし、足利尊氏がそれをやったか、徳川家康がそれをやったかというと、やっていない。尊氏も家康も、わざわざ実務の専門家を連れてくる、特に京都の貴族から連れてくるなどということはあまり考えておらず、武官の中で政治ができる人にやらせていた。最近、徳川家康の家臣団の編成をもう一回考えてみようと思ったのですが、改めて見ると政治という行為自体の位置づけが非常に低いのではないかと考えるようになりました。新井白石(一六五七―一七二五)が書いた『藩翰譜《はんかんふ》』を読むと如実にわかるのですが、お城を中心としてひとつの地域を任せられる大名と、幕府の政治を担う大名。このどちらが重いかというと、どう見てもひとつの地域、十万石くらいの小さい領地をしっかり守る大名のほうが重いのです。

お城を中心にしてひとつの地域を任せられる大名というと、たとえば本多忠勝(一五四八―一六一〇)が挙げられます。井伊直政(一五六一―一六〇二)でもいい。本多忠勝であれば今の三重県北部にある桑名の城を任されて、石高としては十万石、つまり十万石相当の領地を与えられる。それでどのような役目を任されたかというと、徳川幕府の仮想敵は西です。西から敵がやってくることを想定し、いざという際には桑名の城に立て籠もって敵を防ぐ。その場合は当然、名古屋にいる尾張徳川家と連携しながら、特に東海道を進んでくる敵を足止めするわけです。もちろんそれで勝つことができればいいですが、勝たずとも足止めすることで時間を稼ぎ、場合によっては討ち死にする。そうした役割が期待されていた。

文と武、どちらが偉いとされていたのか

そうした役割と、徳川幕府の政治的な舵取りをする大名とでは、どちらが重んじられていたか。ふつうは日本全国の政治のほうが重要だと感じるところでしょう。私もそう思っていました。しかし徳川家康は違う。ひとつの地域、十万石くらいの、日本全国に比べれば小さい領地をしっかり守る大名のほうが上なのです。だから実際に、徳川四天王と言われるような大名は政治に関わっていない。政治に関わる任務は、一段下の役割なのです。

政治において辣腕をふるった本多正信（一五三八－一六一六）がいちばんいい例になりますが、彼の石高は二万二千石と少なかった。しかも彼は自分が死ぬ時に、息子の正純《まさずみ》（一五六五－一六三七）に「上様がくれると言うのであれば、三万石までは受け取っていい。し

かしそれ以上は絶対にもらうな」と言い残したといいます。

このエピソードは史料価値の高い典拠はないのですが、本当にあったことのように感じます。ただその正信の言葉を、私たちは単純に「三万石以上もらうと嫉妬が大変で、足を引っ張られて自滅するから」と理解してきました。しかし彼の本意は、そうではない。そうではなく初期の徳川幕府において、軍事と政治の担当者ではどちらが偉いかというと軍事であり、「政治をやる人間の地位は高くない」という感覚がみなにある。「だから三万石以上の報酬はもらうな」と正信は言ったのです。

実際に当時、政治に携わっている大名たちが大きな石高をもらっている例はまったくない。十万石をもらう譜代大名は珍しいのですが、彼らはすべて、各地に配置されてその地域の外様大名を監視したり、外様大名が攻めてきたらそこでがっちり防御して、いざとなれば討ち死にをする役割を負っていました。

私はずっと妙だなと思っていたのですが、駿府に移った家康は、そのそばで政治を担っていた成瀬正成《まさなり》（一五六七－一六二五）を尾張徳川家の附家老、安藤直次《なおつぐ》（一五五四－一六三五）を最初は駿府静岡、のちに紀州和歌山の徳川家附家老として、出してしまっています。これはいわゆる直参の立場から、徳川御三家といえども陪臣になるわけですから、本来ならば格下への降格人事。成瀬も安藤も老中の先駆的な形態を務めていたと評価される人ですが、そのように有能な人材を、わざわざ名古屋、紀州の附家老にしてしまった。もったいないと思いますが、しかし当人たちは不満に思っていないようですし、それを左遷だという感覚もなかったらしい。政治を担うという役割は、その程度の重みなのではなかったか。

徳川家康にしてもそうだし、足利尊氏に至っては、政治は弟の直義《ただよし》（一三〇六－一三五二）に丸投げして何もやらない。彼らと比べると、政治が非常に重要なのだということを最初から理解していた頼朝は、かなりの先見性を持っていたことになります。

しかし面白いことに鎌倉幕府の文官、大江広元、三善康信の息子たちが父の跡を継いでしっかり文事をやっていたのかというと、彼らはむしろ御家人の武士になりたがった。三善康信の息子からは太田という家が出て、そこからは裁判に携わるような官僚的な武士が出ますが、根っからの武士になりたいという人も出た。だから大江からは毛利家が生まれているのです。

武士と官僚であれば、やはり武士であるほうが生きやすい、というのが鎌倉の雰囲気だったのでしょうね。ただし頼朝は決してそのように考えていなかった。官僚組織の必要性を理解して彼らが働きやすい環境をつくった。そのあたりが頼朝の凄いところだと感じます。

文官の存在は、頼朝個人にとっても重要で、朝廷相手に行っていた繊細な外交は、おそらく頼朝一人では大変難しかったことでしょう。文官たちの補佐を得て折衝していた。たとえば守護地頭という制度も原型は大江広元のアイデアだと言われていますが、政治について頭の回る人たちが、さまざまな形で知恵を出し、幕府はテイクオフしていった。そうしたことだったのだろうと思います。

文官を握る者が鎌倉を制す

頼朝の亡きあと、この文官層を誰が組織し直すか。掌握するのか。北条氏はそこのところが上手かった。文官層のトップは大江広元ですが、『吾妻鏡』を読む限りにおいて、大江広元と北条時政、義時の親子はいい関係を築いています。文官と良好な関係を構築できるところが北条氏の優れた特質で、これが字も書けず読むこともできないレベルの武士であれば、なかなか難しかったことでしょう。

自分自身の存在を肯定するところから武士も始まる。字が書けない読めない武士では、

「文官も大事だ」と考えて連携を深めていく度量の持ち主はそうはいなかったことでしょう。やはり、ある程度の教養を身につけて、ある程度は字も書くし読むこともできる人たちのほうが、文官層との連携もうまく行く。それが北条時政、義時の親子だったのだろうと思います。端的に言ってしまうと、北条氏は文官の支持を得たからこそ、勝ち残ることができたと考えています。

2　関東の各地域はどういう状況だったか

国全体の秩序が出来上がっていた地域

ここでは地政学的な話ではなく、鎌倉幕府が成立していく段階における、関東の国々の武士団の状況について見て行きたいと思います。具体的にどれくらい武士たちが組織されていたのか。偶然も作用するとは思うのですが、やはりそれぞれの国によって違いがありました。

まず最初に挙げるのは「国全体の秩序がほぼ出来上がっていた地域」。これはたとえば上総です。上総には、義朝に仕え、後に頼朝に殺される上総広常がいました。この人は上総介広常の呼び名でも知られる人です。下総を本拠とする千葉常胤と同じ一族で、千葉と並び称される有力武士でした。ちなみに千葉も代々、千葉介を名乗っています。同じく○○介と呼ばれる人は他にもいて、伊豆国だと狩野介という人がいる。この人は規模が小さいですが、他は相模国に三浦介がいます。

この○○介の介は本来的には守《かみ》、介《すけ》、掾《じょう》、目《さかん》という国司の序列の、二番目を指しました。ただし、上総介や千葉介といった場合の介は、本当の意味で朝廷から任じられた介ではない。

この時代になると国司に任命された人は、○○守になったからといって、本人がその国に赴任するわけではなく、代官を派遣します。現地には、まさに今の県庁のような形で在庁組織がある。こうした国司が来ない在庁組織について「留守所」という言い方もされます。国司が留守だから留守所ということですね。本当は○○守を筆頭とする組織のはずですが、トップは赴任して来ず、現地の在庁官人たちが仕切っている。そうした組織をそれぞれの国で作って持っていたわけです。その在庁官人たちは、だいたいその国の有力者。

だから武士である場合も少なくない。そうした在庁官人を束ねて統合する、現地のボスが〇〇介と呼ばれる存在なのだろうと思います。

国司によって派遣された代理人は、おそらく現地のボスの〇〇介あたりと交渉して、税金を取れるだけ取っていく。そういう形が当時の地方行政の実情でした。

だから、上総介、千葉介、三浦介と呼ばれるような武士は、その国の中でも頭ひとつ抜けていた有力者。主従関係ではありませんが、地元の武士たちを束ねる先輩というか上席というか、そうした存在だった。

主従関係となると、先に述べたように頼朝のようなひとつ上の階層の人と結ぶもの。それは単に武士の名門だということだけではなくて、京都と直接やりとりがあって、朝廷から位階と官職をもらえる人ということになるだろうと思います。在地の有力者は、現地のボスではあっても、朝廷から直接に位階や官職をもらえるような立ち位置ではない。

ここで問題になるのは千葉介、三浦介、伊豆の狩野介、これらはみんな土地の名前であって、国の名前ではありません。例外的に「上総介」広常がいるわけですが、彼は本来であれば伊北荘あるいは夷隅荘のあたりに拠点を持つ有力者ですから「夷隅介」と名乗るのが妥当ではある。しかし一国まるごと代表する「上総介」を名乗ることができていた。つまり、それだけの大きな勢力を持っていたということになります。

有力武士の動員可能兵力

彼の勢力を裏書きするような話が『吾妻鏡』にあります。房総半島に頼朝が逃げてきた際、千葉常胤がまずやって来て「家来になります」と言った。先に述べたように義朝と関係が深かったのはむしろ上総広常のほうなのですが、こちらはしばらく頼朝に従属すべきかどうか迷っていた。しかしついに「会いに行って、もし俺たちの上に立つだけの器量がなかったら殺してしまえばいい」と決めてやって来た。そのとき率いてきた軍勢は二万人だったと『吾妻鏡』に書かれています。

ただ、この二万人という数字はどう考えても嘘でしょう。ふつうの有力武士が総力を挙げてようやく二百、三百くらいの兵隊を動員できる。その中で、二万もの兵隊を連れてきたというのは大げさすぎます。

この発想はぶっ飛んでいるかもしれませんが、もしかすると『吾妻鏡』の編纂者は『日本書紀』を読んでいたのではないでしょうか。大海人皇子（?－六八六）と大友皇子（六四八－六七二）が「壬申の乱」（六七二）を戦ったとき、大海人王子は、関ヶ原に本営を置いた。この人は近畿地方を脱出し、尾張に入り、それから美濃に入って、当時は東国の範囲であった尾張、美濃で軍勢を集めて戦いに勝つ。そして天武天皇となります。彼が尾張に入ったときに尾張の国司である小子部鉏鉤《ちいさこべのさいち》（？－六七二）が馳せ参じてきたのですが『日本書紀』によると、彼は二万人を率いてきたとあるのです。『吾妻鏡』の記述は、もしかするとこれに倣っているのかもしれない。

ちなみに小子部鉏鉤も「壬申の乱」が終わった後にもう邪魔だということで殺されています。上総広常とまったく同じパターンの運命をたどっていたことになります。率いてきた軍勢が二万人というのも同じですし、だから『吾妻鏡』の編纂者は『日本書紀』を読んでいたのかもしれない。これは面白いなと私は感じているのですが、その話はここでは深入りしません。

とにかく、二万人ということはないにせよ、上総広常が桁違いの実力をもっていたことは間違いないのでしょう。つまり、上総においては国まるごとの秩序、上総広常をトップとする国の秩序が成立していたと見ていいのではないでしょうか。

鎌倉初期関東の有力武士たち

他に、国まるごとの秩序がほぼ出来上がっていたところとしては小山氏がトップに立つ下野、千葉常胤の下総があった。このときに気をつけなければいけないのは、『吾妻鏡』を見ると、下野には小山と並んで両虎と言われる存在がいた。それが足利氏なのですが、こちらはのちの足利氏ではなく藤原姓足利氏。この藤原姓足利も相当強い力を持っていて、小山氏と並ぶ勢力と見られていた。小山氏も藤原氏です。つまり両者とも、藤原秀郷《ひでさと》（生没年不詳）、ムカデ退治の伝説を持ち、平将門を討った有志である俵藤太の子孫。そのひとつの本家が小山、もうひとつの本家が藤原姓足利ということになります。

これは私が大学生のときからのひとつの妙な仮説なのですが、下野は今の栃木県ですが、この藤原姓足利は、本質的に今で言うと群馬県、上野の武士なのではないか。

藤原姓足利の一族の分布を調べると、たとえば桐生という有力な武士がいますが、こちらの本拠はずっと上野。桐生だけではなく藤原姓足利の勢力は上野に広がっているのです。面白いと思ったのは、藤原姓足利は頼朝が挙兵する以前、以仁王《もちひとおう》（一一五一－一一八〇）の反乱の際、平家のもとに馳せ参じていた。そして筏を組んで宇治川を渡り、以仁王の兵を破るという大きな手柄を立てています。そこで平家から「よくやった。褒美をとらせるので何が欲しい？」と訊かれて「上野国の大介（おおすけ）がほしいです」と答えています（『源平盛衰記』）。下野に居住しているのに、上野の大介を欲しがった。ということになると、やはり藤原姓足利は実質的に上野の武士だったのではないか？

もしこの仮説が正しければ、下野でトップに近い力を持っていたのが小山、上野がおそらく藤原姓足利。今の茨城県にあたる常陸は、ここは細長いものですから、北半分が佐竹の勢力範囲で、南半分が大掾《だいじょう》。先に述べたように守、介、掾、目という国司の序列があるわけですが、その掾を歴任してきたために大掾と名乗っていた。では「介」よりも格下かというと、そうではない。常陸守は代々、親王がなるしきたりなので実質的には空席。だから、この国においては序列が一段階繰り上がるのです。守が空席で、介がトップ。つまりこの国の掾は他の国でいうと実質的に介なのです。三浦介や上総介のように介を名乗っている勢力が大掾氏なのですね。大掾の力はそれだけ常陸において強力だったのだろうと思います。

武蔵の国の場合は少し事情が違い、留守所に「総検校《そうけんぎょう》」という職が置かれ、これが在庁官人を束ねる役割を担っていた。その職を持っていたのが川越氏です。武蔵では秩父党がいちばん大きい力を持つ武士団で、その本家と言うべき家が川越氏。ここが武蔵国のトップに近いところにいたわけですが、後に川越の娘が義経の正妻になります。そして義経が鎌倉幕府の謀反人になると、川越も連座することになった。このあたりが当時の事情を知る上で興味深いのですが、義経との婚姻は川越が頼んだわけでもなんでもなく、むしろ頼朝のお声がかりでした。にもかかわらず、義経が謀反人になると連座して川越も殺されてしまいます。当時の縁組とはそういうもので、ある意味、女性が結ぶ縁が非常に重く見られていた。鎌倉幕府においては、女性の存在が大きかったことになります。

そうして川越の当主が殺されると、川越の従兄弟にあたる畠山がトップになる。それが畠山重忠です。このように、当時、だいたいその国をリードする人間が出揃ってきていた。

もう一度整理しますが、南関東四カ国で言うと、相模国では三浦、北に上がって武蔵国では川越、後に畠山、さらに北の上野では藤原姓足利、その東の下野は小山、常陸では北が佐竹、南は大掾、房総へいくと下総が千葉、上総が上総。安房はよくわからないのですが、そうした形で、だいたいの秩序が出来上がっていた。この秩序が後に守護という形で制度化されて、安定していくということなのだろうと思います。

「承久の乱」(一二二一)の時、幕府と朝廷では、取り込んでいる守護は、人数からすると、ほとんど同数でした。しかしなぜそれで朝廷が敗北したかというと、朝廷の取り込んだ守護は西国の守護なのです。それで西国の守護は現地に根差してない。上から、関東の武士が落下傘でやってきてその国の武士たちの上にちょこんと乗っている。そういう守護が多い。一方で、東国の守護は下から上がってきて実力で武士たちを束ねてきた人物ですから、力が強く兵隊をたくさん掻き集めることができた。味方につけた守護の数は同じでも、そこに差があったということなのだろうと私は見ているわけです。

なぜ上総広常は殺されたのか

ここであらためて考えたいのは、上総広常という人間についてです。最初に述べたように、上総広常は頼朝によって粛清される。しかし彼が殺されるあたりの記述は『吾妻鏡』にはないのです。書くことができなかったのか、無くなってしまったのか？　そこは、わかりません。とにかく『吾妻鏡』には非常に重要な部分の欠落があって、ほかにも木曽義仲が上洛して平家を追い落としたあたりや、木曽義仲と戦って討つあたりもない。ちょうど上総介広常が謀殺される部分もないのです。

ただ、これは非常に象徴的な話なのですが、あとになってから「上総広常が奉納した鎧が上総国の神社で見つかった。その鎧を見ると『頼朝様の運が開けますように』という願がついていた。上総広常はやはり鎌倉幕府のことを考えていたのだ。謀反を企てたという疑惑は嘘で彼はやはり無実だったのだ」という記述が『吾妻鏡』にあるのです。

いかにも取ってつけたような胡散臭い記事で、逆に言えば、「上総広常は、謀反の疑惑をかけられて粛清された」という事情を裏書きしているわけですね。

権力の常として、力を持ちすぎた部下は危ない。彼が消された理由のひとつには、広常の上総における権力が相当、強力だったということがあったでしょう。これは完全な推測になりますが、二万人の兵隊を動員することは現実的ではなくとも、もしかすると0《ゼロ》をひとつ外して二千人くらいの動員能力はあったのかもしれない。相当大きな勢力を持っていたことは間違いがなく、頼朝にとっては目の上の瘤だった。だから消した、と。

しかしすでに述べたように、一一九〇年についに上洛して後白河上皇と会談を行った頼朝は、「上総広常の関東自立路線は上皇に対する謀反にあたるので殺した」ということを言ったわけです(『愚管抄』)。ただ上総広常の力が大きくなって邪魔だというよりも、そこに明らかに路線の違いがあった。ちなみに上総広常の「京都のことを気にする必要はない」という自立路線は、ある意味、少し以前の私の解釈の路線でもあります。

しかし結局、上総広常は粛清される。それはただ、意見の対立する個人を抹殺しただけではない。当時、御家人たちの間には広く「朝廷は気にせず、自分たちは好きにやっていこう」という気分があったのでしょう。しかし上総広常を否定したことによって「その路線は許さない」ということを、御家人たちに知らしめることになった。どんなに愚かな武士でも、そのことをまざまざと実感したことでしょう。

ちなみに、『吾妻鏡』は「上総広常は実は無実でした」と名誉回復を図っているわけですが、それはあくまで表向きの話。なぜわかるかというと、同じような話はその後もよく出てくる。それに上総広常の持っていた領地を、有力者たちみなで分配してしまっているのです。中でもいちばん大きな分け前にあずかっているのが、侍所の長官だった和田義盛（一一四七－一二一三）。「13人の合議制」にも入ってくる有力者ですが、彼はもともと三浦の一族で、鎌倉の幕府の所在地に近いところに所領を持ち、そこを本拠にしていた。つまり幕府の有事にすぐ駆けつけることができるのは和田義盛だったわけで、彼が侍所の長官を務めていたのは、そうした意味もあったとわかります。

その和田義盛が上総広常の旧領のうち、中心だった荘園、伊北荘をもらっています。しかし和田義盛だけではなく、みなに分配されているのですね。あとになって「上総広常は実は無実でした」と言い出しても、では上総広常の遺児や生き残りの人に土地を返すかというと返さない。それはあくまで建前のこと。幕府の連中はハゲタカのようなものですね。

第四章

「13人の合議制」の真実

1 「決定する」という権力の本質

二代将軍源頼家登場

頼朝が亡くなったのち、息子の頼家（一一八二－一二〇四）が後継ぎとなります。その時、彼が武家の棟梁として認められるために必要な正統性とはなにか？　というと、ひとつには「朝廷から征夷大将軍に任命されたら将軍だ」という考え方があります。実際に江戸幕府は、そのような考え方を採っていました。それに従うならば、鎌倉幕府が成立した年も、頼朝が征夷大将軍に任命された一一九二年となるでしょう。しかし、制度というものが軌道に乗った時代ならばそれでいいのですが、この時代はまだ違うことが、頼家の例でわかります。

頼朝が急死する。そこですでに元服し、成人として扱われていた頼家が後継者に立ちますが、彼がなにを根拠として武家のトップになったかというと、法的な根拠は実はなにもないのです。頼家は「頼朝が彼を後継者に定めた」という一事をもってリーダーとなります。頼家が征夷大将軍に任命されるのは、後継者として立ってから三年後。しかしその間も彼はトップとしてふるまい、それで御家人たちはなにも異論を唱えていない。征夷大将軍に任命されていない期間でも、頼家は何ら問題なく鎌倉幕府のリーダーとして機能していました。それを見ると、朝廷から任命されているかどうかは関係なく、大事なのは実質だったと感じます。

だから頼家が鎌倉幕府のトップの座につくことに問題はなかった。ただ『吾妻鏡』によると、彼は無能で、トップとして機能できなかった。だから13人の合議が、頼家の代わりを務めるようになったのだと記されています。

鎌倉幕府のトップに求められる機能とはなにか。頼家が果たすべき役割はどういうものだったのか？　それはまずは訴訟の裁断になります。幕府に持ち込まれる案件は大きくふたつに分けられて、ひとつは所務沙汰。もうひとつは雑務沙汰。所務沙汰は土地の問題。不動産に関する揉め事です。雑務沙汰は動産で、ふたつのうちでも重要だったのはやはり土地問題。「雑務」という名前からして動産のほうは重要度が低かったことがわかりますね。

その重要な土地問題が起きて、争いが持ち込まれたときに、きちんと裁定することが幕府に課された使命でした。最終的な裁定を下すのは、将軍である頼家。つまり将軍の役割とは「決めること」。決定する、という行為こそが本質になります。

ところが『吾妻鏡』の記述に従うならば、その肝心の決定に関して、頼家はまったく信頼するに値しなかった。


なぜ頼家は支持されなかったのか？


たとえば御家人AさんとBさんが土地の境界をめぐって争っていた。互いの主張を聞いていた頼家はやがて癇癪を起こし、墨を筆に含ませて、図面の上にビッと線を引く。そして「この線がお前たちの土地の新しい境界だ。俺がそれを決めた。お前たちはこれに従え」と言ったそうです。それはとんでもないと『吾妻鏡』に書かれています。頼朝であればAさんとBさんの話をじっくり聞いて、両者がそれなりに納得するような落とし所を探り、「では、このあたりではどうだ？」と解決策を示したのでしょう。

しかしよく考えてみると、権力の本質とは「決定すること」にある。偉い人の仕事は決めること。決定がまさにリーダーに課せられた使命。それを考えると頼家のふるまいは正しいのです。

頼朝が、いろいろと配慮してどれほど巧妙に立ち回ろうとも、それはあくまで上部《うわべ》であって、本質ではない。権力の本質とは「決めること」。それを考えると、頼家の行動は、将軍が果たすべき役割として間違っていないのです。

そもそもなぜ関東の在地領主たちが、何を求めて将軍という存在を担ぎ、つくったのか。それは彼らが抱えているいろんな案件を、きちんと決定してくれる人が欲しかったためです。その機能を果たしているのに「違う」と言われたら、頼家も立つ瀬がない。もちろん「もう少しうまくやれよ」と言うことはできますが、それはあくまで「うまくやれよ」であって、「違うことをやれよ」では決してない。そこが大事です。

しかし言葉巧みに「頼家はだめだ。将軍としてなっていない。だから俺たちがやるんだ」という展開に持ち込まれ、そこでいよいよ合議制が誕生する。鎌倉幕府を運営していくために、13人の人間たちが集められることになります。

2　13人の横顔

文官と役所のトップ

その「13人の合議制」とは、どのような顔ぶれになったのでしょうか。そのメンバーには文官が四人います。「鍵は文官にあり」の文官です。大江広元、三善康信、中原親能《ちかよし》（一一四三－一二〇九）、二階堂行政《ゆきまさ》（生没年不詳）、この四人。

そして梶原景時と和田義盛のふたりもいます。彼らは侍所別当。つまり長官です。当時、幕府が置いた役所は、軍事を扱う侍所と、政治を行う政所。もうひとつ裁判を行う問注所という役所もありましたが、こちらはほとんど名前だけで、実際は裁判もほとんど政所で行われていました。政所のトップである政所別当は大江広元。問注所は三善康信。この文官ふたりも合議制に入っていますし、侍所の新旧別当である和田義盛と梶原景時も入っている。つまり役所のトップは全員が選ばれているということが言えます。

もっとも形式的には、梶原景時は侍所の副長官でした。しかしある時、和田義盛が持っていた長官の印を梶原景時が借りた。「ところがその印を返さずに、実質的に長官の仕事をはじめてしまった」と『吾妻鏡』には書かれています。だからこの段階においては、実質的には、ふたりとも長官だったという不思議な状況でした。

それはもちろん頼朝もよくわかっていたことでしょう。つまりなにも梶原景時が姑息に立ち回ったわけではなく、やはり腕っぷしだけの和田義盛ではうまく業務が回らなかった。そこで事務能力も持つ梶原景時に長官をやらせた。しかし和田義盛の面子もあるだろうから更迭という形はとらず、このような曖昧な状態になったのでしょう。

頼朝をめぐる女性の関係者

次に挙げられるのが「頼朝をめぐる女性」の関係で入ってきている人たち。要するに頼朝の乳母の関係者たちです。それがまず寒河尼の兄、八田知家。この人は小田知家とも言って、常陸国の守護を務めていました。彼については、のちにまた詳述します。

そして比企尼の甥であり、養子にもなっている比企能員《よしかず》(?-一二〇三)。この人は、頼家の妻の父親でもありますから、女性をめぐる二重の縁で入ってきていることになります。そして北条時政と北条義時は、まさに頼朝の妻の政子の父親と弟ですね。

そうすると残るメンバーは安達盛長《もりなが》(一一三五-一二〇〇)、三浦義澄《よしずみ》(一一二七-一二〇〇〇）、足立遠元《とおもと》（生没年不詳）です。安達盛長は、先に述べた四つの尺度に入らない人物ですが、この人が選ばれた理由はわかりやすい。彼は蛭ヶ小島に頼朝が流された当時からの、ずっと一人だけの家来でした。その意味で、頼朝随一の腹心であり、それゆえに入ってきた。三浦義澄は、義朝の代から源氏と深い関係にある三浦氏。だからこの人が入ってくるのもそれほど不思議ではない。

ただ、どこからどう見てもわからないのが足立遠元です。だいたい系図がよくわからない。この人の足立は東京都足立区の足立で、あのあたりに所領を持っていた人であることは間違いなさそうなのですが、その系図が信用できないのです。

『尊卑分脈《そんぴぶんみゃく》』では安達盛長と同じ一族になっている。しかし安達盛長の安達は足立区と何の関係もなく、福島県の安達ヶ原に鬼女の伝説がありますが、あの安達なのです。

安達盛長は、もともとはただの藤九郎盛長で、名字を持っていなかった。しかし頼朝が東北の奥州藤原氏を征伐したときに「今までありがとうな」ということで広大な福島の安達荘をもらい、そこで安達盛長になった。だから安達盛長と足立遠元が一族のはずはないのです。

しかし『尊卑分脈』の系図が混じっているということは、足立遠元のところに安達盛長をくっつけたのかもしれない。どちらがどこの馬の骨かわからない出自かというと、安達盛長のほうになりそうです。しかし足立遠元は、今のところどのような人物かわからず、この人についてはこれからの研究に任せましょうということになりますが、ひとつ考えられる可能性として、この人は梶原景時や北条時政と同じタイプの能力の持ち主だったのかもしれない。

このふたりは武士でありながら文の領域で活動できるだけの能力を持っていました。梶原景時は、頼朝から上総広常を殺せという命令を受けて、実際に殺害した下手人。二人で双六をやって遊んでいるときに突然、刃物を抜いて上総広常の命を奪った。そういう荒事もできる人物ですが、侍所の長官を任されたように、事務処理もできた。頼朝にとってみると非常に使い勝手がよい人材だったことでしょう。時政の北条家はもともと地方官の家で、こちらも文事は得意です。

「鍵は文官にあり」ということを述べてきましたが、鎌倉幕府の創立期には文ができる人材が重要だった。武士というものは読み書きも怪しい。基本的にそうした人たちで、文ができる人材は貴重です。足立遠元は、政所の寄人として活動していたところを見ると、武士でありながら文事もできるという珍しい人だったのだろうと推測はできます。それゆえに13人のひとりに入ってきた。

しかしその後、足立家は歴史から消えていく。足立遠元の子孫が何をやっているか、わからないのです。ということは、おそらく北条と違う派閥に入っていたのではないでしょうか。後々まで名前が残るのは北条とともに歩む人が多い。たとえば安達盛長の安達は、北条の嫁を出す家として定着し、幕府の有力御家人として続きます。逆に消えた家は北条と敵対する方向で活動していたのだろうと見るのが自然なように思います。

没落するナンバー1とナンバー2

ここからより細かく見て行きましょう。

まず大江広元。この人は文官のナンバー1だったわけですが、彼がなぜ鎌倉にいるのかと考えたときに、同じく文官出身で13人の中に入る中原親能との関係が出てくることになります。

すでに述べたように、「関東の武士は前九年の役の時代から源氏と主従であり、太い関係をもっていた」という物語はフィクションだった。しかしそれでも、源氏と古くから繋がりのある家はやはりあって、関東に下向した義朝をまず後援した山内首藤、波多野、そして三浦といったところがそれにあたります。

この中でもっとも関係の深かった山内首藤は、代々源氏の乳母を出してきたにもかかわらず石橋山で文字通り頼朝に弓を引いた。その後、助けられはしましたが、やがて没落していったことはすでに述べました。

二番目に関係が深い家が波多野家です。この家は最初、佐伯という姓を名乗っていて、祖先に佐伯経資（生没年不詳）という人がいた。経資は、八幡太郎義家の父、源頼義の相模国における代官を務めていたのですが、波多野荘を経営して波多野と名乗るようになった。現在の神奈川県秦野市に波多野本庄という土地があります。私たちは波多野をハタノと読みますが、現地へ行くとハダノと発音している。だから波多野氏も本当はハダノなのかもしれません。

経資の息子の波多野経範（生没年不詳）は、源頼義を助けて「前九年の役」で戦っています。だから、この家も古くから源氏の家来なのですね。時代が下って、一一〇七年に生まれた波多野義通（一一〇七－一一六七）という武士が出ますが、この人は義朝とともに行動しています。このとき、波多野の一族の娘が義朝の愛人となり、頼朝のすぐ上の兄、朝長が生まれた。それほどの深い縁にもかかわらず義通の息子の義常（？－一一八〇）の代

波多野氏系図

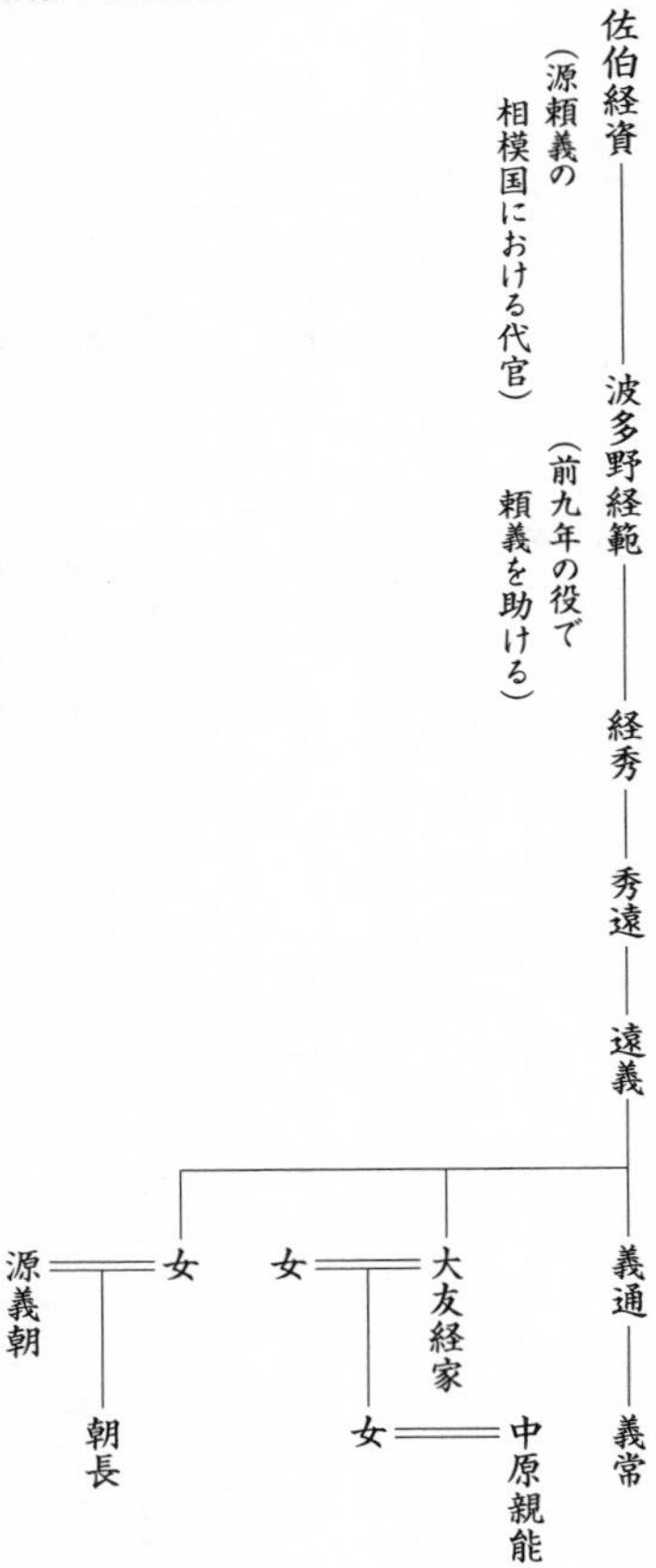

になると、源平合戦で平家側につく。結果、波多野の家は源氏に重く用いられることがなく、鎌倉幕府において発言力を持つことはありませんでした。

ただ家は繋がっていき、室町幕府にも仕えていたことは、はっきりわかっています。やがて相模から越前に拠点を移していて、「どうぞうちの近くにお寺を造りませんか」と道元（一二〇〇－一二五三）を越前に招いたのは波多野氏。それで道元が建てたお寺が永平寺です。その波多野がさらに丹波の、明智光秀（?－一五八二）の母を殺した波多野氏になるという話になるのですが、これは本当に繋がるのか、系図的にはいまひとつよくわかっていません。

そして三浦氏。この家には三浦為継という有名な先祖がいることは先に述べましたが、為継の孫に当たる三浦義明（一〇九二－一一八〇）が、源平合戦のときにまだ存命していた。一〇九二年生まれなので、当時は九十歳近かったことになります。義明は息子たちに「頼朝様に仕えるのだぞ」と言い残し、当人は衣笠城というところで敵の攻撃を受けて戦死するのですが、義明の娘が義朝との間に長男の悪源太義平を産んだという説もあり、あるいはどこかの宿の遊女が母だともいうのですが、いずれにせよ悪源太義平は三浦の家で庇護されて育った。だから三浦の家は、ずっと源氏との強い結びつきを保っていたと見て間違いありません。

そうしてみると、昔から源氏との関係の深いナンバー1の山内首藤、ナンバー2の波多野が平家に味方をして没落してしまったために、ナンバー3の三浦の立場が繰り上がった。結果、三浦義澄が「関係の深い家ナンバー1」の座を手に入れて、13人の合議制のメンバーに入ってきたと捉えてよい気がします。

大江広元がスカウトされた理由

それで中原親能と大江広元の関係ですが、中原親能が、実は波多野との関係で鎌倉幕府と関係を持つことになった人なのです。

波多野の系図に大友経家（生没年不詳）という武士がいますが、この大友経家の娘が中原親能の嫁になっているのです。中原親能は京都で食うや食わずやの官僚をやっていた人ですが、朝廷における前途に見切りをつけ、関東に下向していた。波多野の娘を嫁にもらった縁で、嫁の実家に食わせてもらおうと考えて京都を離れたのです。そして大友能直《よしなお》（一一七二－一二二三）という人を養子にする。ちなみに豊後の大友家は、ここから繋がっていくことになります。

一方、大友経家の妹と源義朝との間で生まれた子どもが朝長です。だから頼朝は朝長つながりの縁で中原親能のことを知っていた。それで「鎌倉幕府で働かないか」とスカウトし、中原親能は幕府で活躍することになった。さらにその中原親能が「私も頑張りますが、自分より有能な、立派な官僚を紹介しましょう」と呼び寄せた人物が大江広元になります。

大江広元と中原親能の関係は、よくわかりません。大江広元は、長く中原広元の名で活動して、兄弟という説もありますし、血縁はないという説もあります。ともかく中原親能の弟分にあたるのが大江広元で、もともと京都で付き合いがあった。その縁で大江広元もヘッドハンティングされて、鎌倉にやって来ます。ということで中原親能は、後に文官のトップになると大江広元を引き寄せてくる鍵になるわけですから、この人がメンバーに入ってくるのはおかしくない。

女性の縁で繋がる文官たち

文官で合議制に入ってきた人は、あとは三善康信と二階堂行政。三善康信は先にふれたように、頼朝の乳母の甥にあたる人物です。しかしその乳母が一体誰なのかわからない。武家出身の三人の乳母、比企尼、山内尼、寒河尼の誰かなのかもしれないし、あるいはもしかすると第四の乳母、下級貴族出身の乳母が他にいたのかもしれない。その線のほうが強いかなと感じるのですが、ともかく頼朝の乳母の甥にあたる。

しかも彼は京都で頼朝の同僚でもありました。頼朝は十三歳のときまで京都にいて、女院に仕えていた。その時の上役が実は平清盛で、同僚に三善康信がいた。だから三善康信と頼朝との縁は非常に深く、彼は頼朝のことを流人時代から気にかけていて、毎月京都の情勢を「今、朝廷ではこんなことが起きています」と手紙に書いて知らせていました。以仁王の挙兵の時にも、「危険なことが起きるので、あなたが狙われます。逃げてくださ い」と危急を知らせています。そうした関係だけに、頼朝が鎌倉殿になったのち、三善康信は引っ張られる。実際に仕事もできる人だったので大江広元とともに地位を築き、13人の中に入ってきました。

二階堂行政は熱田大宮司の一族。そこで気づくのは、頼朝の母は、熱田大宮司の娘なのです。ということはこの人も頼朝の実母の関係でヘッドハンティングされた人ということになりそうです。つまり文官四人は女性の介在する縁で鎌倉に呼ばれていることがよくわかります。

鍵となる「曽我兄弟の仇討ち」

そして私が「13人の合議制のひとつの鍵だ」と考える人物が八田知家です。彼は、先に述べたように、寒河尼の兄。だから四つの尺度で言うと「頼朝をめぐる女性の縁」で入ってきたと見られるわけですが、実はそれはあくまで無難な解釈で、他の可能性を考えることも可能な人物です。

たとえば八田知家の兄は宇都宮氏。宇都宮はもともと宗教の家から出ているだけに、文事も達者。八田知家も、おそらく字も読むし書くこともできた。だから、この線から13人の中に入ってきたと見ることもできます。しかし、あえてここは、もっと挑戦的な解釈に踏み込んで行きたいと思います。読み解く鍵は「曽我兄弟の仇討ち」です。

「曽我兄弟の仇討ち」は、歴史上では一一九三年五月、頼朝が死ぬ六年前。頼朝が開催した「富士の裾野の大巻狩り」という行事の最中に起こりました。「巻狩り」とはある一定の区域で、戦争における足軽のポジションに似た「勢子《せこ》」たちを動員して行う狩猟法。勢子たちがフライパンの裏を叩くような感じで音を出し、大きな声をあげて獲物を追い立てる。そうしてどんどん追い詰められていった鹿や猪の中に武士が乗り込んで獲物を獲るという大掛かりな狩りのやり方です。

これは石井進先生が明らかにしたことなのですが、平安時代、国司が四年の任期の中で一度主催する「大狩り」という行事がありました。「そもそも武士とはなにか」という問いに対して、この大狩りに正式に招待されて、出場できる人が武士だという回答がありました。

馬に乗る技術を磨き、弓矢で獲物をとる技術も習得して「よし、今日から俺は武士だ」と決意すれば、誰でも武士になるわけではない。やはり「お上」というものに認めてもらう必要があった。そのような「上級の権威に承認される必要がある」という話は「朝廷が認めて初めて将軍になります」という視点に通じますから、あまり私の好きな話ではない。けれど武士というものが、勝手に「今日から私は武士です」というわけにはいかないのも事実で、「お上」に認定される必要があった。その認定とは具体的に言うと大狩りに招待されること。「出場すること」を通じて「あなたを武士と認定します」ということになるらしい。

大狩りの目的は、山や川など土地の神様に対して、鹿や猪を獲ってそれを貢ぎ物として捧げる。そうして感謝の意を示すことにあったらしい。頼朝はその大狩りを、富士の裾野に有力御家人を集めるという、非常に大きな規模でやった。

富士の裾野で行われたということは、富士山の神秘性というものが、ここで意識されていたのかもしれません。ここまで繰り返して「相模、武蔵、伊豆、駿河の南関東四カ国の武士団が鎌倉幕府の中核を成してきた」ということを述べてきましたが、これらの国が中心である理由のひとつに、富士信仰の要素をつけくわえることも可能かもしれません。この推測にはある程度、意味があると私は感じるのですが、ただ、この本ではそこまで踏み込まないことにします。

とにかく富士の裾野で大規模な巻狩りを行った頼朝ですが、その目的は息子の頼家に獲物をとらせることにあった。それで「矢口祭」を行う。この「矢口祭」は、関東武士の家で盛んに行われた土地の神に感謝する儀式のようです。ただし文献に明記された史料は『吾妻鏡』の、この巻狩りの箇所しかない。だからそれが具体的にどのように行われてきたのか研究者にはわからず、困っています。民俗学の領分になってくるのかもしれません。

武士とはそもそも狩人

狩りとは、一所懸命に逃げる鹿や猪を追いかけて倒すわけですから、当然ながら乗馬の技術が必要で、弓矢の腕も磨いておかないと、よい狩人になることはできない。その意味で言うと、武士とはいいハンターなのです。むしろいいハンターが武士であるとも言えます。狩猟という縄文時代的な生活様式の系譜と、密接な関係をもっている存在。それが武士なのです。

武士の家の子どもは、小さい頃から犬を追う「犬追物《いぬおうもの》」などでトレーニングを積み、狩りの技術を磨くことになる。そうしてある程度上手くなったら「よし、本番についてこい」ということで父親と一緒に狩りに出て、そこで獲物をちゃんと獲ることができると

「山の神様、土地の神様がその子を認めた」ということになるらしい。そこで言わば通過儀礼として、矢口祭という儀式が行われる。

「富士の裾野の大巻狩り」の際には、頼家が見事に鹿を仕留めます。「若君が獲物をとったぞ！」ということで、そこで御家人たちはみな狩りを止めて頼家と頼朝父子のもとに集まる。そこで矢口祭が大々的に行われるわけです。そのやり方が『吾妻鏡』に出て来るのですが、具体的なところの解釈がなかなか難しい。

まず机をしつらえて、三人の弓矢の名手が出てくる。工藤景光《かげみつ》（生没年不詳）、愛甲季隆《すえたか》（生没年不詳）、曽我祐信《すけのぶ》（生没年不詳）です。彼らは一人ずつ進み出て、お餅を食べるという儀式をやる。小さな短冊形の赤と白と黒に彩色されたお餅が台に置かれていて、その三つを重ねて隅を齧《かじ》る。その重ね方や齧り方が、三人の名手でそれぞれ違うのですね。三人はやり方を統一することをせず、それぞれ「これが私の家で伝えられているやり方です」と餅を齧る。それをもって儀式が終わり、息子が無事に獲物を仕留めたことを山の神様、土地の神様に感謝して大宴会がはじまる。

なにがどうなっているのか、よくわかりませんね？　この「矢口祭」を、源氏だけではなく、御家人の家でもやっていたらしい。言ってみれば元服のお祝いみたいなもので、家の後継者として神様が認めてくれたという行事だったのです。

「富士の裾野の大巻狩り」では、頼家の正統性を神様が認めてくれたことになります。頼朝にしてみると、そのことを御家人たちに示すために執り行った大行事だったわけで、だから頼家が獲った鹿も、あらかじめ誰かが獲って置いていた可能性もありますね。御家人たちを前にして、頼家が後継者であることを周知させるためにわざわざ大巻狩りを催したのに、そこで空振りに終わってしまったらすべて無駄。おそらくきちんと準備されていたことでしょう。

「矢口祭」が行われて、無事に頼家が二代目であることが武士たちに示された。そうした行事が終わったその夜に、大事件が起きます。みな現地に天幕のようなもので宿所をつくって野営していたのですが、工藤祐経《すけつね》（?－一一九三）の宿所に曽我兄弟が侵入し、首を刎ねた。この話は有名で、兄弟が父の仇である工藤祐経を討ち取ったまではいい。しかし、そこから謎がはじまります。

仇討ちの背後にあった目的

曽我兄弟は御家人たちに包囲され、大いに暴れた。まず兄の十郎のほうがその場で討ち取られる。弟の五郎はさらに頼朝の寝所を目指して刀を振るい、その途中で大力無双の御所五郎丸という武士に捕まってしまう。そして縛られて頼朝のもとに突き出され、死刑になります。

兄弟は父の仇という私怨で工藤祐経を討ったわけですが、それが幕府に対する謀反と見なされるのは、どういう理屈になるのでしょうか？　戦士である武士の家において、いざこざがあって他の武士と実際に刀を抜いて戦うことは、むしろある意味、自然な営みです。

もちろん江戸幕府のように、強烈に武士たちを締め付けているような組織であれば、武士同士の私闘は厳禁。しかしそれでも、たとえば吉良上野介（一六四一－一七〇三）に浅野内匠頭《たくみのかみ》（一六六七－一七〇一）が切りつけたときであっても、その場で浅野内匠頭を殺したりはしない。とりあえず羽交い締めにしてまず落ち着かせて、それから「上様、どうしましょう」と将軍の判断を仰ぎ、上様の徳川綱吉（一六四六－一七〇九）が「切腹」と断を下した後に、それで腹を切るわけです。

しかしそれが、どう考えても江戸時代よりも野蛮な組織である鎌倉幕府において、工藤祐経を討ったというだけで、他の御家人がただちに兄弟を殺しに行くのはなぜか？　兄弟のほうは一体何をしたかったのか、その目的にはなにか。

ここで驚くべき推論があります。兄弟は、工藤祐経を討った後に頼朝をも討とうとしていたのではないか。彼らは実はテロリストでもあり、兄弟の目的は、実はクーデターだった、という説が、昔からあるのです。

調べてみると、確かにクーデターらしい動きはあって、この事件の後、岡崎義実《よしざね》（一一一二－一二〇〇）、大庭景義（？－一二一〇）という二人の武士に妙な振る舞いがあり、無理やり隠居させられています。岡崎義実は息子の佐奈田《さなだ》与一（一一五六－一一八〇）が石橋山で頼朝の身代わりになって討ち取られた人。大庭景義は、弟の大庭景親とたもとを分かち、やはり石橋山で頼朝側についた武士で、どちらも古くから頼朝に従った幕府の有力御家人でした。

さらに怪しいのが北条時政で、彼はこの事件の後にほとんど幕府の中で政治的な発言をしなくなる。実はすべての黒幕はこの北条時政であり、彼が兄弟に「頼朝を消せ」という指令を下していたという説になります。

北条時政と曽我兄弟の関係は深い

私自身は「そこまで推測を重ねる必要はあるのかな」と考えていました。しかしひとつの見方としては、岡崎義実、大庭景義は、すでに高齢でした。時政もいい年です。だから、新しい世代が幕府で大きな面をしている時代になって、爺さんたちは面白くない。そこで頼朝を退場させて、もう一回爺さんたちが実権を握ることを考えたという展開は、ありそうな話です。

頼朝のかわりに将軍に立てる傀儡《かいらい》候補となったのが、頼朝の弟の源範頼《のりより》（?―一一九三）。範頼は、曽我兄弟の事件が起こり、頼朝が討ち取られたという誤報が流れた際に、北条政子に「兄の身になにが起こったとしても、自分がいるから大丈夫」ということを言ったと伝えられます。しかし無事に戻ってきた頼朝に政子が「このようなこと言っていた。あなたのかわりを狙っているらしい」と告げたことになり、修善寺に閉じ込められて殺されてしまう。

これらの動きは、北条時政がすべて後ろで指図していたのではないか。『曽我物語』を読むと、時政は曽我兄弟に対して手厚い支援をしているのです。特に弟の五郎については元服のときに冠をかぶせる烏帽子親にまでなっていた。五郎はもともと箱根山で僧侶になる予定だったのですが、父の仇をとるために武士になりたいと考えて、北条時政のところに転がり込む。そして「どうか烏帽子親になってください」と頼むのですが、時政はその依頼を快く引き受けて、元服の支度をすべて整える。さらに時政の時の字を授けて、曽我の弟は、五郎時致《ときむね》と名乗ることになります。かくも非常に繋がりが深く、このあたりは何か裏があったのではないか。

従来から、そのようなことは考えられて来ました。私はその構図に「土肥実平」という人物をはめ込むと、さらに視野が開けてくると考えています。

土肥実平は、よく名前の出てくる武士ですね。伊豆の韮山で旗揚げした頼朝は、もっとも信頼できる勢力である相模の三浦との合流を図って、伊豆国から三浦半島のほうへ、東へ東へ行こうとする。しかしその途上にある石橋山で大庭景親たちが待ち構えていた。

旗揚げ当初、頼朝の軍勢は五十人だったと言われます。それが石橋山では三百人になっていた。しかし大庭景親たちの軍勢は三千人で、鎧袖一触で敗北し、命からがら真鶴から海に脱出することになります。

実力者、土肥実平

このとき頼朝とずっと一緒に行動していた武士が土肥実平です。真鶴の西側に土肥という土地があります。現代の伊豆半島の西側にある土肥ではなく、湯河原の隣りなのですが、

相模国略地図

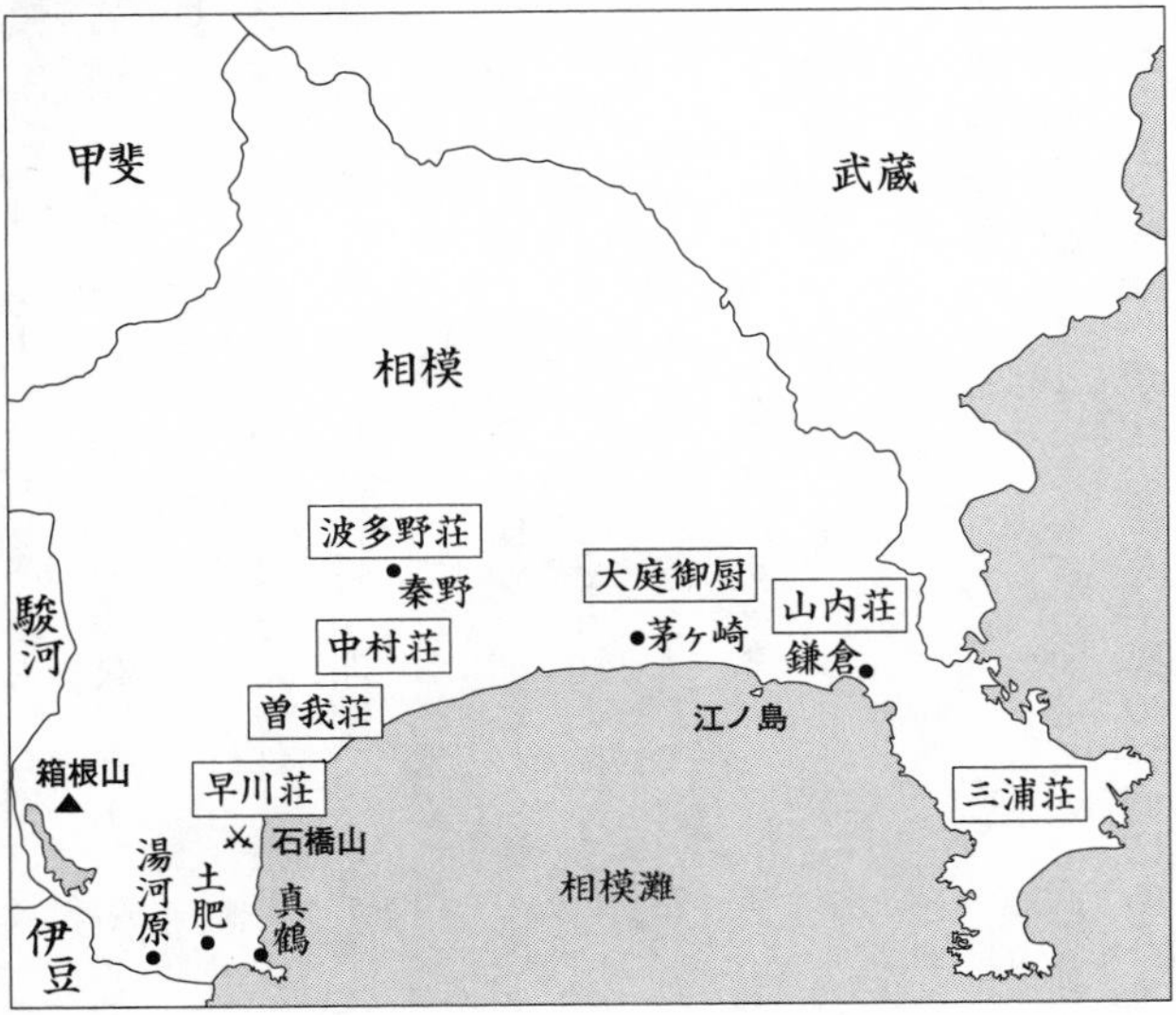

彼はここに勢力を持っていた。彼は中村荘に勢力を有する武士団の一族で、三浦とも縁戚関係を持っている有力な武士。すると三百に増えていたという頼朝の軍勢のうち、増加分の二百五十は土肥実平の軍勢だったのではないでしょうか。石橋山は彼のお膝元のような土地で、真鶴からの脱出も実質的に手配していたのは土肥実平でした。

ちなみに石橋山の近くには、曽我荘があり、波多野荘もある。岡崎は波多野荘のあたりで領地争いを起こしているのでやはりこのあたり。今の茅ヶ崎にあったと言われる大庭御厨も遠くない。地図を見ると、このあたりの武士たちが後に頼朝が鎌倉幕府をつくるときにさまざまな形で関係していることがわかります。

土肥実平は、後に源氏の軍勢が壇ノ浦へと平家を追い詰めていく際に備前、備中、備後の管轄を任されています。東国の武士たちが、まったく勝手を知らない西国に進軍していくわけですが、この時、播磨と美作を預けられたのが梶原景時。この「預けられた」とは兵糧米の徴収権を手にして、取りたてを実施し、鎌倉勢の西への行軍を可能にしたということではないかと私は解釈していますが、土肥実平も、そのとなりの現代の岡山県、広島県あたりの国々を管轄していた。ということは、彼は弓矢で戦うだけが能の武士ではなく、梶原景時なみに事務仕事もできる人材だったという推測が成り立ちます。

もうひとつ彼の名が出る有名なエピソードがあります。頼朝が官僚の筑後権守俊兼（生没年不詳）を叱った際のこと。筑後権守俊兼はやはり京下りの官僚で、大江広元の部下か、同僚にあたる人物でした。仕事もできて力を持っていたのですが、非常にお洒落さんで、十二単のように着物を重ね着して色柄を楽しんだりしていた。そのあまりの贅沢ぶりが目に余るということで、あるとき頼朝が怒った。

頼朝は筑後権守俊兼の袖の角を刀でずばっと切り、お前ほどの知恵のある人間が質素倹約という言葉も知らないのか。少しわきまえろ、と言った。頼朝はこう諭します。千葉常胤、土肥実平という武士は広大な土地を持っている。しかししっかりと質素倹約し、つましい生活をしている。そうして貯めた金で家来を養い、いざ鎌倉というときに家来たちを引き連れて出陣することができるようにしているのだ。お前に比べると知恵はない彼らでも、そうやって貢献しようと努めている。お前も金の使い方を考えなければならないのに、贅沢ばかりしているとは何だ！

千葉常胤や土肥実平は、広大な土地を持っている。つまり筑後権守俊兼よりはるかに金持ちなのに、ということですが、千葉常胤はもともと千葉県を代表する武士で、しかも土地争いを繰り広げていた上総広常もいなくなり、ますます領地を広げていた。土肥実平は、その千葉常胤と並んで言及されている。ということは彼もまた、千葉常胤と並んでも遜色ないくらいに広い領地を持っていたということになります。しかも梶原景時と同じように事務仕事もできるとなると「鎌倉においてかなり重要な武士だった」という想定が成り立ちます。

突然表舞台から消える有力御家人

この推測の補助線として出てくるのが『吾妻鏡』にある「早川荘に摩摩局という頼朝の乳母が住んでいて、今は惨めな暮らしをしている」という記述です。

頼朝の乳母だったからには、ある程度の生活は保障してあげる必要があるという話なのですが、その摩摩局とは一体誰なのか？　実は義朝の乳母にも摩摩局という人がいます。だから私は現代語訳『吾妻鏡』では同一人物ということにしたのですが、考えてみると摩摩とは、当時よくある名前なのですね。かつて、女性には「に」「ね」「ま」など平仮名一字の名が多く、たとえば秀吉の奥さんの寧々も、本当の名は「ね」。それを朝廷風に呼ぶと子をつけて寧子《ねいし》、普通だと「ねねさん」とか「おねさん」と呼ぶわけです。「みみさん」「めめさん」という人も多かった。だから摩摩局の「まま」もよくあって、名前が一緒だからといって同一人物だとは言えない。そもそも年齢が全然合わない。

となると、先に「裏切った山内首藤の母親が、頼朝に息子の助命を嘆願した」という話を述べましたが、この嘆願した母親こそがまさに摩摩局ではないか。息子が頼朝の敵に回ってしまい、家が没落したために彼女は惨めな暮らしをせざるを得なくなっていたとなると話が合ってきます。

その元乳母がなぜ早川荘に住んでいるかというと、ここはもともとか、それとも頼朝からもらったものかわかりませんが、土肥実平の所領なのです。となると摩摩局は、土肥家の女性で、山内首藤に嫁に行った。しかし婚家が没落したのち、実家の縁で早川荘に住んでいた。これは比較的、手堅い推測だと思います。

本来、山内首藤は源氏との繋がりが深く、第一の郎党の家であったことは何度か触れてきました。だから何人かいる頼朝の乳母の中でも、抜群の地位を持つ「ファースト乳母」は山内首藤の人。本来は摩摩局が、乳母の中でもいちばん発言力をもっていてしかるべきだったのですが、婚家が頼朝の敵に回ったために、「かつては頼朝様の乳母だったからには、ある程度の生活の保障はしないと」と言われるほど、困窮するようになっていたとすると、ではかつての山内首藤の座を、誰が占めていたのか。それが土肥実平ではないか。土肥実平は石橋山で頼朝とともに戦い、命を投げ出して頼朝の窮地を救った。そして真鶴から海に逃れたときも彼が手配をしている。こうした経歴や、その後の彼のキャリアを考えても土肥の鎌倉における発言力は、相当あるはずなのです。

しかしその彼が、いきなり歴史の舞台から消えるのです。寿命で死んだのだとしても、土肥家が残っていない。土肥の子どもは、先の、摩摩局が住んでいた早川荘の「早川」を名乗るようになり、いつのまにか安芸国に去る。ちなみにこれが後の小早川になります。土肥が急に消えたことには、なにかそこに事情があるのだろうと考えていました。その事情こそが、北条時政のクーデター計画ではないでしょうか。

北条時政が、「南関東四カ国」の中でも石橋山付近の武士に声をかけてクーデターの計画に誘った。土肥実平もその陰謀に参加していた。しかし「曽我兄弟の仇討ち」という名のクーデター計画は未遂に終わり、それに土肥実平も連座して失脚。大きな所領も発言力も持っていたにもかかわらず、表舞台から消えてしまった。そのようなことだったのではないかと最近になって考えるようになりました。この推測にまだ証拠はない。だから私の発見とは言えない。しかし石橋山を中心に地図を見ていくと、そうした見立てが出てくるのです。

頼朝を裏切った山内首藤は関東で暮らすことができなくなり備後に去ってしまった。土肥実平の子孫もまた安芸国に去り、小早川となるわけですから、同じような事情があったと見てよいのではないでしょうか。

頼朝側近新世代VS旧世代の構図

ではなぜ北条時政は、クーデターを計画したのか。とりあえずは、頼家の後継指名にケチをつけてやろう、という意図。頼家は時政の孫ですが、比企との関係の方が濃厚です。だからこの日を決行日にした。それから、より本質的には「世代」というものに鍵があるのではないかと考えています。

『吾妻鏡』に「頼朝の家の子」という人々が出てきます。「家の子郎党」と言われるときの「家の子」ですね。『吾妻鏡』の治承五年、一一八一年四月七日に次の記事があります。

「御家人らのうち、ことに弓箭《きゆうせん》に達するの者、またご隔心なきのともがらを選んで、毎夜ご寝所の近辺に候ずべきのよし、定めらるると云々」

弓矢が達者な人たち、そして頼朝が可愛がっている御家人を選んで、頼朝が寝ているときに警護させることにした。彼らを側近中の側近とまで言えるのかどうかまだ微妙なところですが、寝ているときがいちばん無防備ですから、ここに選ばれた御家人は、頼朝がいちばん信頼している人間と見ることはできると思います。そこに十一人が挙げられています。江間四郎すなわち北条義時、下河辺庄司行平《しもこうべしょうじゆきひら》（生没年不詳）、結城七郎朝光、和田次郎義茂（生没年不詳）、梶原源太景季《かげすえ》（一一六二－一二〇〇）、宇佐美平次実政《さねまさ》（?－一一九〇）、

榛谷《はんがや》四郎重朝《しげとも》（生没年不詳）、葛西三郎清重《きよしげ》（一一六二－一二三八）、三浦十郎義連《よしつら》（生没年不詳）、千葉太郎胤正《たねまさ》（一一四一－一二〇三）、八田太郎知重《ともしげ》（生没年不詳）、以上です。

彼ら家の子とは、いわば次世代の重臣たち。こうした人材が出そろい、鎌倉では世代交代が進んでいた。新世代の家の子を起用するようになり、もはや時政では頼朝をコントロールできない。自分の発言力がどんどん低下しているのは自覚していたはずで、そこで同じくオールドジェネレーションの人たちを巧みに煽り、曽我兄弟の仇討ちにおけるクーデターを計画。頼朝に替えて範頼を将軍に立てようとした。このようなことは確かにありそうなことです。

若い次世代の人材が一一八一年の段階で出てきているにもかかわらず、「13人の合議制」には、江間四郎すなわち北条義時は本人も入っていますが、その父の北条時政が入っている。そして和田次郎義茂の父・和田義盛、梶原源太景季の父・梶原景時、三浦十郎義連の兄・三浦義澄、八田太郎知重の父・八田知家と、五人も父兄世代が入っています。しかも13人のうち四人は文官ですから、武士九人のうちの五人が父兄世代ということになります。「13人の合議制」とは、「まだまだ若い者には任せていられない」という感じで上の世代が出てきている可能性があります。

北条に反対する陣営

「曽我兄弟の仇討ち」の直後に、常陸国の多気義幹《たけよしもと》（生没年不詳）という武士が謀反を起こし、討ち取られています。

この多気義幹は、実は南常陸のトップであった大掾氏の一族。大掾氏は鎌倉幕府が出来るときに源頼朝に逆らって本家は潰されています。残った中で、多気義幹は大掾氏の本家の、いちばん近いところにいた。つまり頼朝に対してよい思いをもっていなかったわけで、そこを見込んだ北条時政に声をかけられて、迂闊《うかつ》に立ち上がってしまったのではないかと見ることができる。

しかしこのとき大掾の謀反を炙り出したのが、常陸の守護を務めていた八田知家です。実際は、むしろ八田知家が罠を仕掛けて、北条の企ての一角を担っていた多気義幹を潰したと捉えるほうが適切な気がします。

歴史の流れを考えると、13人の合議制の後に現れてくる事態は、源頼家と北条時政との対立でした。頼家は、祖父である北条時政が「自分のことを支援してくれない」と感じていた。その時政の意を受けて動いた人が政子の妹の阿波局で、この女性は後の「梶原景時弾劾《だんがい》事件」（一一九九）のときにも活躍することになります。

阿波局は実朝の乳母でもありますが、この人の夫は頼朝の兄弟の中で、唯一頼朝に殺されずに生き残っていた阿野全成《あのぜんじょう》（一一五三－一二〇三）。義朝と常盤御前《ときわごぜん》（生没年不詳）の間に今若、乙若、牛若の3人の兄弟が生まれて、牛若が後の義経。長男の今若が阿野全成です。この人だけがなぜ生き残っていたかというと、北条家の婿に入っていたために、政治的にセーフだった。

ところが阿野全成は「自分に敵対的な行動をとっている」ということで頼家によって流され、殺される。その殺害を実行した御家人が、まさに八田知家です。北条の婿の阿野全成の殺害を実行したということは、八田知家は反北条の人間だった。反北条陣営といった勢力が存在していたとしたら、八田知家はそこに所属していたと見ていいでしょう。そう考えると、「13人の合議制」の中には「北条シンパと反北条がいる」という尺度がここで出てくるのではないか。

具体的にいうと、合議制に参加する13人の中に反北条陣営というのがあるとするなら、そこに所属する御家人は誰か。時政は頼家と対立しますので、その人は頼家を支える側でしょう。となると、まずは『愚管抄』が頼家第一の郎党と言っている梶原景時ですね。それから頼家を養い、妻も出している比企家の当主、比企能員。もう一人、阿野全成を殺害していて、多気義幹を討っている八田知家。彼らが浮かび上がってきます。もう一人、これは状況証拠しかあげられませんが、北条氏の力が強くなると存在感がなくなっていく足立家の足立遠元も付け加えてよいでしょう。

合議制に入る人々は、鎌倉幕府を代表する13人です。しかもそのうち四人は文官ですから、武士は九人しかいない。つまり彼らは発言力やキャリアにおいて「選びに選ばれた武士」ということです。その選ばれた武士でありながら、この四人は舞台から退場したり、その後の動向がわからなくなっている。ということは「彼らは北条氏に敵対した」と考えるのが普通ですね。

梶原景時は明らかに滅ぼされることになります。比企能員は、どうも権謀術数が渦巻く鎌倉幕府を生き抜くだけの能力が足りなかった。彼の無能さが、北条を勝利させた理由だったのではないかとさえ感じるのですが、このふたりについては、次章で述べます。

動向がわからなくなるのが足立遠元、八田知家。足立遠元の一族は完全に没落しますが、八田知家の子孫は小田と名前を変えて一応、常陸の守護にはとどまります。しかしこの後、あまり活動をしていない。ひとつには、北関東の下野、上野、常陸は鎌倉幕府にとって二軍エリアですから、その国の守護が表舞台に出てこないのも不自然ではない。しかし一時は幕府の中心で働いていた八田が存在感を失うのは、北条氏とあまりうまくいっていなかった。下手すると北条氏に弾圧される立場だったため。そう見るほうが自然だと考えています。

第五章

そして内乱へ

1　「13人の合議制」の行方

「13人の合議制」のまとめ

ここであらためて「13人の合議制」について見直したいと思います。

まずひとつ、頼朝の家の子十一人の父兄が目立つ。

ふたつ、ほとんどが南関東四カ国出身の武士である。文官は別として、残る九人の武士のうち八田知家だけが常陸。彼以外の八人はみな南関東四カ国の人間です。

みっつ、源氏の一族、つまりは将軍になり得る層の人間は一人も入っていない。このことも確認しておいていいと思います。

よっつ、女性の存在を介して源氏の人たちと何らかの血縁を持っている人間が多い。文官のトップである大江広元は中原親能の義理の弟であり、中原親能は波多野の家との婚姻を通じて、比較的早くに関東に下っていた。波多野は頼朝の父の義朝にとって非常に信頼のおける家だったらしく、義朝は波多野の家の娘との間に頼朝のすぐ上の兄、二番目の息子である朝長をもうけている。源氏と波多野にはそうした関係性があって、だから中原親能は早くから頼朝にヘッドハンティングされ、そしておそらく中原親能の縁で大江広元が呼ばれた。

やはり文官で、流人時代の頼朝に毎月欠かさず京都の情勢を頼朝に知らせていた三善康信は、伯母が頼朝の乳母だった。この乳母が誰なのか、書かれていないので全然わからない。可能性としては、頼朝の第一の乳母として出てくるのが山内首藤の山内尼、第二の乳母が比企尼、三番目の乳母が寒河尼ですから、このうちの誰かなのか、それとも下級貴族の女性で乳母を務めた第四の乳母が存在したのか。

しかし頼朝が生まれた時期は、義朝はまだ下野守に任官しておらず、なんの甲斐性もない身。いかに下級貴族であっても頼朝の乳母につくかというと可能性は低い気もするのです。するとやはり武家だったと考えたほうがいいかもしれない。でも、たとえば比企家ならば、「伯母は比企尼」と具体的に書かれたように思う。うーん？……

ともかく三善康信も頼朝の乳母関係で繋がっていた。四人目の文官、二階堂行政は、熱田大宮司の娘である頼朝の母の縁でヘッドハンティングされた。だから文官四人は女性の介在する縁で鎌倉に呼ばれていたことになります。

八田知家は、頼朝の乳母の寒河尼の兄。比企能員は、こちらも頼朝の乳母の比企尼の甥で、彼女の跡取り養子。しかも次男の頼家の妻の父。女性の縁というと北条時政、義時もいます。これは言うまでもなく政子を介している。このように女性を介した関係性で繋がっている人物がかなり多い。

もうひとつ挙げられるのが幕府の役所の職員で、役所といっても置かれたのは侍所と政所のみですが、政治を担当する政所の前身が公文所。そこの長官を務めていたのが大江広元と中原親能。公文所寄人だったのが足立遠元。そして侍所からは長官の和田義盛と、副長官でありながら後に実質的に長官を務めた梶原景時が選ばれている。

そうすると、どう考えてもこれらの尺度に入ってこない人が出てきます。それが三浦義澄、安達盛長の二人。

安達盛長は頼朝の流人時代からのただひとりの家来で、いちばん古い郎党。三浦義澄の三浦は源氏と古くから付き合いがある家で、しかも最初から頼朝に忠節を尽くしていた。南関東四カ国の武士の中でもいちばんのエリートがこの二人と見ていい。そうしたことで選ばれたということになると思います。

そもそもメンバーを選んだのは誰か

　では一体、誰がこの13人を選んだのか。メンバーのうちの文官は、彼らが幕府の政治を担っていることを、武士でも認めざるを得ない四人でした。では武士を選んだのは誰か。そもそもこの組織は、頼家の権限を制限するためのもの。すると、親・頼家の人が組織を立ち上げるわけはない。となると、やはり北条時政ということになるのではないでしょうか。だから息子の義時までメンバーに入るのだろうと思います。

　しかし比企能員のように、北条時政にとってライバルに当たる人も選ばれています。比企能員は、北条時政にとって、自分と立場が被る人でした。なぜ北条時政が発言力を持っているかというと、娘の政子が頼朝の妻で、自分は義父になるから。しかしその意味で言うと二代将軍頼家の義父は比企能員ですから、同じような立ち位置です。しかし、それだけにやはり選ばざるを得なかったのでしょう。北条のライバルということで言うと、頭も回る点でキャラクターのかぶる梶原景時も入っています。

　そして常陸の大掾を潰した八田知家が入っている。この人は時政の娘婿でもある阿野全成も「頼家に対して不満を持ち、対抗しようとした」ということで殺している。どう見ても北条時政と対立する側の人間ですが、その八田も入っている。

足立遠元についてはわからないのですが、足立家は没落してしまう。これは結果論ですが、この後、時政の北条氏が非常に大きな力を持つわけです。その歴史の展開の中で、北条と二人三脚でやっていた三浦氏は幕府の中心で重んじられていく。北条の嫁を出す家として定着した安達氏も有力御家人として存続します。ところが足立遠元が忘れられてしまうということは、あまり北条と関係がよくなかったのではないか。これは完全に推測になりますが、そのように考えられる。

つまり息子の義時もメンバーになっている一方で、時政にとって都合の悪い比企能員、梶原景時、八田知家、足立遠元という四人もの、反北条とまで言えずとも、時政のことを面白く思っていない武士が含まれていたことになります。

本当であれば時政も、彼らを選びたくはなかったでしょう。しかし入っている。ということは、このときの北条の力はまだ、この四人を排除することができないレベルだったのではないか。この四人については北条時政のやることに一〇〇パーセント「はい、喜んで」と賛成してくれないことはわかっていた。しかしだからといって彼らを排除できるほど、まだそこまで自由にできる権力は握っていない。やむなく敵に回る可能性の高い人も選ばざるを得なかったのでしょう。

北条派VS反北条派

それともうひとつ、反北条と言っても、この四人が一枚岩なのかというと、まったくそうではないのです。団結できていない。一方、北条のほうは三浦義澄、和田義盛、安達盛長としっかりよしみを通じていたと思われます。

安達盛長と北条の関係では、有名な伝説がありますね。頼朝のまだ流人時代、伊東祐親（?－一一八二）の娘に手を出して子どもまでつくったのですが、それが知られると可哀想に子どもは殺されてしまい、頼朝の身も危なくなる。そのときに伊東祐親の娘とは切れた。

頼朝はあらためて身近なところで北条の娘と関係を結ぼうとする。そこで（本当はふたりだけではなくもっといるのですが）北条には娘がふたりいて、妹が美人だという評判なので、妹に文を送ろうとした。その仲介を務めたのが当時はまだ、ただの藤九郎だった安達盛長なのですが、彼の一存で「あの姉妹は、姉のほうが器量がある。だから姉に届けよう」と、姉の政子に届けてしまった。それで頼朝と政子は結ばれたという話があります（『曽我物語』）。

また、これは『吾妻鏡』に出てきますが、安達盛長の息子の安達景盛（?－一二四八）が不在のときを狙って、二代将軍頼家が景盛の愛人を寝取ってしまった。帰ってきた景盛が「なんということだ」と不平不満を露わにしたところ、頼家は「そんな文句を言う奴は許さん」と討伐令を出し、安達盛長、景盛の親子は幕府の兵と対峙することになる。そこに政子が乗り込んで「盛長を殺すのであれば私を殺せ」と言って安達親子は助かります。そこまでの深い繋がりがすでにこの頃、安達と北条の間にあった。となると、「13人の合議制」の中で安達盛長は完全に北条派だったのだろうと思います。

三浦義澄の三浦家とはずっとよしみを通じていた可能性が高い。和田義盛はこの時点では三浦の一族ですので、彼ともよしみを通じていた可能性がこれまた高い。

そうすると、13人のうち、武士は九人ですから、そこから反北条の四人を除いた五人。その中で時政と息子の義時以外の残りの三人、これが北条派だった。だから北条氏を中心に考えるとちょうど5：4という絶妙なバランスがとれていることになる。しかも北条派のほうは北条時政を中心にまとまっているのですが、残りの四人に関しては誰がボスなのか、わからない。能力、ポジションからすると梶原景時がリーダーになってもいいのですが、この人にはどうも人望がなかった。

そのことはこの後すぐに起きる梶原景時弾劾事件で明らかになります。一一九九年、つまり頼朝が亡くなってすぐに「13人の合議制」がつくられ、同じ一一九九年に梶原景時は失脚してしまうのです。

梶原景時の死

そのきっかけは、先に挙げた「家の子十一人」のメンバーのひとり結城朝光。『吾妻鏡』によると、彼は「忠臣は二君に仕えず」という中国の言葉を引いて、つい「頼朝様が生きている頃はよかったな。俺も頼朝様が亡くなったときに出家したほうがよかったかな」みたいなことを言ってしまった。その愚痴を誰かが梶原景時にご注進し、彼はさらに頼家に言いつけた。そうすると頼家は「俺は仕えるに足りないというのか」と激怒するわけです。

それを政子の妹で、阿野全成の妻でもあった阿波局が結城朝光に「あなたは殺されます」と告げた。阿波局は実朝の乳母でもありますが、ちなみに政子の妹ということは、美人だという評判を聞いて、頼朝がもともとラブレターを送ろうとしていた人ということになるんでしょうか。

それはともかく結城朝光は驚き、最初は逃げようとしたらしい。しかし「それも違う」と思い直した。こんなことになったのも、元は梶原景時が余計なことを告げ口したため。

であれば梶原景時を弾劾しようということで、彼を非難する文書をつくった。その話が御家人仲間に広まって、結果「俺も」「俺も」となんと六十六人もの署名が集まった。その六十六人の署名をもって朝光は頼家に「景時というのはとんでもないやつで、みんなもそう思っている。だから、あの人物を使うのはやめてください」と申し上げた。

梶原景時は、二代将軍の源頼家の随一の家来と見られていました。しかし頼家はこの時、「景時はそこまで反感を買っているのか」と驚き、本人にそのことを言うわけです。もし頼家があくまで景時を庇い通せば、まだ頼家自身の命も保たれたかもしれない。ですが庇うことができませんでした。「お前は、こんなに嫌われているぞ」と言われた景時は「これはだめだ、鎌倉幕府にはもう愛想が尽きた」ということで、京都で後鳥羽天皇（一一八〇－一二三九）に仕える武士として生きていこうと決めた。

もともと梶原景時は、京都の貴族の徳大寺家と縁があったらしいのです（『古今著聞集』）。そのコネクションを使って京都で生きていけばいいじゃないかと考えて、都を目指した。しかし駿河国の清見関という有名な関所で、たまたま武士たちの集団に遭遇してしまう。その武士団の筆頭に出てくるのが吉川という武士。のちに毛利元就（一四九七－一五七一）の息子が養子に行く吉川です。もともと駿河の御家人で、『吾妻鏡』には吉川ではなく、吉香として出てきます。キッコウと呼んだらしいですね。その吉川をはじめてとして何人かの御家人の集団に、梶原景時一行は出くわした。「お前は、謀反を起こしたらしいな」。そこで戦いになって、結局、梶原景時一行は全滅してしまいます。

人望がなさ過ぎた男

『吾妻鏡』は、「たまたま」武士たちが居合わせたと書いてありますが、そんなわけはないでしょう。駿河国で、武士たちに梶原襲撃の指令を出すことができるのは守護。では駿河の守護は誰かというと、これが北条時政なのです。そうすると梶原失脚劇のプロデューサーは北条時政。結城朝光に「殺される」と伝えた阿波局は時政の娘ですから、やはりこの一件は時政が企んで梶原景時を失脚させたということなのでしょう。

舞台の上で結城朝光が動きますが、ことが終わった後、梶原景時が持っていた播磨の守護職は、結城朝光の兄の小山朝政（一一五五－一二三八）がもらっています。これは結城朝光への論功行賞と見ていい。

ただ問題なのは、このとき六十六人もの御家人が、弾劾に署名をしていることです。しかもその六十六人には、錚々たる御家人たちが名前を連ねています。特にここで問題にすべきは、「13人の合議制」のメンバーで、北条時政と関係がよくなかった人たちがどうしたか、ですが、なんと足立遠元本人が署名しています。比企能員本人も署名しています。八田知家は息子である知重が署名している。彼らは、みな梶原景時を売っているわけですね。つまり安達、比企、八田の三人は、反北条だからといって、梶原景時と仲が良いわけでもなかった。「北条は嫌いだけど梶原の下につくのも嫌だ」という心境だったのでしょう。「どれだけ梶原に人望がなかったんだ」という話になります。

特に愚かなのは比企能員で、頼家の乳母を出しているのは比企家であるし、頼家の妻も比企の娘。そして本当であれば三代将軍を継ぐはずの一幡丸という子どももうけている。だから比企はどう考えても頼家を守り、盛り立てていかなければならない立場なのです。だとすれば、京都の貴族たちから見ても頼家の「一の郎党」と言われる梶原景時と、彼は共闘するべきだった。

ところが梶原を弾劾するほうに回ってしまって、結局、頼家の力まで削いでしまった。私はそうした比企のことをよほど無能だったのではないかと考えていました。しかし八田も安達も梶原を弾劾するほうに回っているのを見ると、「そこまで梶原景時が嫌われていた」と見るほうがよいのでしょうね。

2　北条政権の本質

比企能員の暗殺

梶原失脚後、13人の合議制に決定的な変化が起きるのは一二〇三年。この年に比企能員が滅ぼされます。二代将軍頼家が否定され、将軍の地位から引きずり下ろされる。そして三代将軍の実朝が登場します。鎌倉殿の13人といっても、その鎌倉殿は頼朝ではなく、頼家のこと。本来の建前は、頼家を助けるための合議制ですから、こうなってしまうと完全に合議制の意味はなくなります。

比企能員が滅ぼされる以前には、時政の婿の阿野全成が殺される事件がありました。このことはすでにふれましたが、反北条頼家方のジャブのような動きだったのだろうと思います。謀反の疑いをかけられた阿野全成が、身柄を預けられたのが八田知家。その八田知家に頼家から「殺せ」という命令が出て、実際に殺害しているわけだから、やはり八田は反北条だと言わざるを得ない。この動きに比企能員も同調していたことでしょう。

そうした動きがあって、時政が勝負に出る。それが一二〇三年です。きっかけは頼家の病で「もはや命がないかもしれない」というほどの重病になります。『吾妻鏡』によると、その時、頼家は病床に比企能員を呼び寄せて密談を行い、北条時政を討つ企てを練った。それを政子が障子の裏で盗み聞きして、時政に使いを送って知らせたと書かれています。しかし瀕死の頼家が、そのような密謀を企てることができるものでしょうか。そう考えると『吾妻鏡』の記述はちょっと嘘くさいということになります。頼家が病気で倒れたのは間違いないらしいので、実際はそれを契機に時政が仕掛けたということではないでしょうか。

このとき時政は、どうやら大江広元に、比企能員を討つ計画を事前に話していたらしい。それについて大江広元には「下手をすると自分も、この争いの中で命を落とすかもしれない」と考えるほど、深く悩んでいた形跡があります。

ここからふたつの事情が考えられます。ひとつは、時政と文官の関係。時政は大一番の勝負に出ることを事前に大江広元に打ち明けていた。ということは、かなり以前から緊密な連絡を取り、時政は文官の支持を取り付けていた。「13人の合議制の発案者は時政だが、それに正統性を与えたのは大江広元たち文官」という推測の根拠は、このあたりから出てきます。

ふたつめは、「時政の企てを知った大江広元が命の危険を感じた」ということは、この時点において北条が比企能員に戦いを挑んだ場合、負ける可能性のほうが高かったのではないか。だからこそ大江広元は、時政に連座して自分も殺される可能性を考えざるをえなかった。のちに北条氏はものすごく力を持ちますから、その北条氏であれば比企能員とも十分に戦うことができた。しかしこの時点では比企能員のほうが強力で、時政の挑戦が不発に終わって北条氏が滅ぼされる可能性があった。それほど武士としての規模に違いがあったのではないか。

圧倒的に格上だったはずの比企

当時の比企の勢力について考えてみましょう。埼玉県の慈光寺へ行くと、平家が厳島神社に収めた平家納経と並ぶほどの、素晴らしい装飾経が収められています。比企が収めた経で、国宝です。現在は国立博物館が預かっているようですが、私が子どもの頃は慈光寺に行くと、雨さえ降っていなければ見せてくれたものでした。また慈光寺には、ものすごい数の見事な青い色の板碑が立っていて、しかもそれがとても大きい。

あれを見ると、比企の経済力は並々ならぬものがあったのだろうなと考えさせられます。

比企は、「国の秩序」のところで述べた尺度で言うと「その国にその人あり」と知られる規模の武士。おそらく三百人くらいの兵隊を動員できるほどの、有力な武士でした。一方で北条は、もともと頼朝旗揚げのときには、五十人くらいの兵をかき集めるのがせいぜいの家。その後、頼朝には大事に扱われてはいても、所領をたくさん与えられていたわけではない。この時期、勢力は大きくなったといってもまだ百人くらいの動員能力しか持っていなかった可能性が高い。だからもしまともにぶつかれば、比企のほうが勝つ。

しかし時政という人は、何しろ頼朝の旗揚げに賭けることができた人です。博打の才能がある。その時政が、頼家が倒れたその時に、勝負に出ようと決めた。まず比企能員に「うちで法事をやりますから来てください」と使者を出す。その誘いになんと比企能員は、「はいはい、行きます」と、のこのこ北条邸にやって来てしまうのです。その様子について、後に肥後国に移る小代という武士が克明に書いて残しています。「小代家文書」として残る記録によると、比企能員は平礼烏帽子でやって来た。平礼烏帽子というのは、日常的につける烏帽子。きちっと糊をつけているのではなく、ヘナっとした烏帽子なのです。要するに彼は、鎧も着けずに普段着でやって来た。しかも家来もほとんど連れていなかったらしい。

そこまで行くと、もはや「殺してください」と言わんばかりです。比企能員はいったいなにを考えていたのか。いや、なにも考えなさ過ぎだろと感じますが、結局、北条の屋敷に入ろうとしたところで左右から殺し屋が出てきて彼はあっというまに殺されてしまいます。それを合図に、北条邸にかき集められ、鎧兜に身を固めていた軍勢が、比企邸に襲撃をかける。比企にしてみると、不意打ちです。「え、なんでこんなことになっているの？」というちに次々に殺されて、ひどいことに頼家の妻の若狭局と、その子どもの一幡丸まで、ふたりとも命を奪われています。女子供も容赦しなかった。皆殺しです。

北条時政の謀略

あまりにも比企能員が無警戒だった。そこまで無能だったということでしょうか。具体的にどうだったのかと私は考えてきたのですが、比企能員が無能だったというよりも、むしろ「時政のほうがはるかに上手だった」と見るべきなのかもしれません。

時政という人は、この一件を成功させるために十年というスパンでずっと仮面をかぶってきたのかもしれない。北条氏は頼朝の舅の家。しかしそれで絶対に威張るようなことはせず、「私どもは、ぽっと出なものですから、どうぞいろいろとご指導ください」という感じで仮面をかぶっていた。比企にも礼を尽くした態度を取り、ずっと立ててきたために、「うちで法事をやりますから来てください」と言われて、比企能員も何の警戒もしないでのこのこ出向いてしまった。

もし比企能員が警戒していたら、警護の家来たちを連れてきていたことでしょう。そうしたら戦闘にはなったはず。それがなかったということは、時政はよほど以前からいざという時に備えて慎重に振る舞い、比企能員を油断させていたのではないかと思います。そうでなければ、比企もここまで無防備に、わざわざ殺されるためにやってくることもなかったと思います。

将軍源頼家は、その後に奇跡的に回復します。しかし「俺の妻はどこに行ったの？ 息子は？」「殺されました」「え！ なんだって！」ということになりましたが、すでに大勢は北条家に押さえられていた。頼家は修善寺に流され、殺されてしまいます。

かつての範頼と同じ運命です。修善寺に流すのは、北条氏が「煮るも焼くも北条氏の一存で決められる」という状況のときにやることなのですね。北は北条の本拠。南は急峻な天城峠で逃げられない。それが修善寺です。そうして頼家は殺され、政子の次男であり、妹の阿波局が乳母についていた、実朝が三代将軍になります。「13人の合議制」はこれをもって終わり、その後は実朝を擁した北条氏が次々に幕府の有力者を潰していく。そういう局面に入っていくことになります。

北条政権の対朝廷政策

こうして誕生した北条政権はどのような方針を採るかというと、基本的に、朝廷と武士の政権はほとんど没交渉になっていく。つまり、かつて上総広常が主張し、殺された路線を歩んでいくことになります。これについては「関東独立」の方向性を北条氏もまた持っていたということなのだろうと私は考えています。

たとえば加藤光員《みつかず》（生没年不詳）という有力な御家人がいました。この御家人が問題を起こしたときに、そのときは時政ではなく息子の義時の代になっていましたが、義時は「加藤光員は三人の主人を戴いている」と言います。ひとつは、後鳥羽上皇に仕えていて、西面の武士になっている。ふたつめは、将軍に仕える御家人である。みっつめは、彼は伊勢の地を領していたのですが、その伊勢の地の本家は伊勢神宮。だから伊勢神宮という主人も戴いている。これら三人の主人を戴いていることになるわけですが、義時は「後鳥羽上皇に仕えることに関して、幕府は何かを言う立場にない。上皇様に言ってください」ということを言っています（『吾妻鏡』）。これは頼朝が絶対に認めなかったことでした。

頼朝は「官位が欲しければ俺に言え」で、必ず将軍経由で朝廷に官位を申請して、それで官位が下りてくる形にした。それをせずに後白河上皇に直接「官位をください」「はい、あげましょう」ということになると、そこに主従関係が設定されてしまう。それは頼朝にとって絶対に認められないことでした。

しかし義時の時代になると、後鳥羽上皇と加藤光員のような有力御家人の主従関係がそこにあるにもかかわらず、「それについては朝廷と加藤光員の話なので、うちは関知しません」と言うほど、朝廷との関係は見ないことになっていた。やはりこの時期の北条氏は基本的に関東独立派で、頼朝のようにさまざまな形で朝廷と折衝してというタイプではなかった。頼朝に殺された上総広常と同じように、「京都は京都、関東は関東のやり方がある」という路線だったのです。

反発を集めた頼朝の路線

私は、梶原景時はいわば石田三成（一五六〇－一六〇〇）だったのでは？と考えています。景時を弾劾する文書に六十六人もの署名があったわけですが、石田三成もまた、加藤清正

（一五六二―一六一一）や福島正則（一五六一―一六二四）など、いわゆる武断派と称される人たちに、殺されそうになるまで憎まれていた。しかし武断派にとって、本当の不満の対象は三成ではありません。秀吉なのです。秀吉のやった朝鮮出兵でしょう。秀吉が「朝鮮にまで行ってこい」と言ったのはいいものの、結局、何も得るものがなく帰ってきた。それで「ふざけるな」と感じるのは当然なのですが、しかし大恩ある秀吉本人には絶対に言えない。そこで、秀吉の方針をもっとも忠実に実行していた石田三成に不満が集中したわけです。

昭和期の、二・二六事件も同じ構図でした。本当の不満は天皇にある。しかし天皇は神様であって不満をぶつけることはできないので、天皇の側近が悪いということになる。「君側の奸」という言い方がありますが、天皇をたぶらかす悪い奴が側にいるから、彼らを排除するという展開になる。それがこうした政争の典型的なパターンでした。

同じことが、頼朝と景時にもあったのではないでしょうか。御家人たちの本当の不満は頼朝にあった。それで頼朝に忠実な景時が怨みをかった。関東の御家人たちが、なにをそこまで不満に感じていたかというと、やはり頼朝が関東独立路線を採らなかったことでしょう。頼朝にしてみれば「御家人たちはわかっていない。朝廷に承認されないと俺たちはやっていけない」と考えていますから、一所懸命に京都と折衝する。「娘の大姫を後鳥羽天皇の妻にしたがった」とよく言われますが、決してそれだけではなかったと思います。

後白河が亡くなった後に後鳥羽が実権を握ります。その後鳥羽に対していちばん影響力を発揮した貴族が源通親《みちちか》（一一四九－一二〇二）でした。その源通親と政敵の関係にあったのが、後白河時代に頼朝の盟友だった九条兼実《かねざね》（一一四九－一二〇七）です。

そこで頼朝は考えることになります。今までのように九条兼実と連携して後鳥羽上皇に意見を具申したり、さまざまな許可を獲得するよりも、もはや九条兼実を切って源通親と手を結んだほうがいいのではないか、と。結果として、頼朝はそう決断する。ところが源通親は頼朝が考える以上に狸で、まさに平安時代何百年の朝廷文化が生み出したような権謀術数にたけた貴族だった。頼朝は裏切られ、苦汁を飲まされることになります。

源通親と関係を築くことに失敗する。かつて一所懸命に築いてきた九条兼実との関係は、自分で切ってしまった。ここで頼朝の対朝廷政策は破綻し、「また一からやり直し」ということになってしまいます。「そもそもなんで朝廷に尻尾を振らなければならないのだ」と考えていた関東の御家人たちは、「なんだ、あれだけやって、結局、頼朝様は失敗したじゃないか」と感じていたことでしょう。「だから言わぬことじゃない」と。しかしそれでも晩年の頼朝に、あからさまに不満を言うことはできなかった。そうして不満だけが溜まっていった。

しかし頼朝が亡くなり、頼家の代になって「13人の合議制」が生まれる。そこでまず頼朝の意向に忠実だった梶原景時に怨嗟の声が集中して、彼は失脚。ついには殺されることになった。梶原景時は失脚した後、徳大寺との縁を頼って京都に向かうほど、朝廷と縁があった。そういう人物だからこそ、ますます憎まれたという面もあるでしょう。

源氏将軍の終焉

この段階まで来て、実は源氏将軍はもはや不要になっていた。そこがわからなかったら政治というものはわかりません。

「源氏将軍をもはや担ぐ必要はない。関東は関東でやって行こう」。そうした状況の中で、頼家は凡庸だったからまだよかった。しかし三代将軍の実朝は、京都との結びつきを積極的に深めていく。京都の後鳥羽上皇もそこは狸で「源実朝を媒介として鎌倉幕府を操作していこう」と考えることになりますから、大事な手駒として実朝を扱う。

「お前も田舎にいて不便だな。俺が家庭教師を派遣してやるよ」と源仲章《なかあきら》（?－一二一九）

という貴族を遣わしてくれたり、「お前、田舎の女性で満足できないのか。では俺が愛している女の妹を送ろう」と坊門家のお姫様を嫁がせてくれたりするわけです。そして「官職を上げてやる」と、どんどん官職も上げてくれる。

実朝は実朝で、後鳥羽上皇によくしてもらえばますます「私はこんな鎌倉みたいな田舎にいたくない」と考えるようになる。彼にしてみれば「京都で生活したいのだけど、鎌倉のこの小汚いおやじたちが私を離してくれない」という、そうした心境だったことでしょう。

三代将軍実朝は、二十八歳で殺されます。五味文彦先生は「実朝は政所に梃入れを行って、その政所を中心とした政治をしっかりやっていた」ということをおっしゃっていて、坂井孝一さんも実朝はなかなかの名君だったということでその見方を継承しています。しかし実朝が残した百人一首の歌を読むと、私にはそうは思えないのです。

世の中は　常にもがもな　渚漕《こ》ぐ　海人の小舟の　綱手かなしも

その意味は「世の中の様子はいつまでも変わらないでいてほしい。渚に沿って漕ぐ漁師の小舟が、舳先に括った綱で陸から引かれている様子を見ると、切ない気持ちがこみ上げてくる」。実朝にしてみると「海人の小舟」とは自分のことでしょう。周りには自分のことを全然理解してくれない武士ばかりがいて、小舟は悲しいなあ、と語っているわけです。そんな状況にいる実朝が、もし名君であったとしても、できることは限られたことでしょう。

彼は、大きな唐船を造って中国に渡ろうともしました。東大寺の大仏をつくった中国人の陳和卿に「あなたは阿育王山にいた徳の高い僧侶の生まれ変わりだ」と言われると、「中国に行く」と言い出して、彼に船を造らせた。しかし、完成した船に乗って、いざ出航しようとしたら船は動かなかった。

いくら船を造るのが下手でも、途中で沈むにしても進むくらいはするでしょう。だからこれは、北条が後ろで手を回して、船が動かないようにしていたのだと言われています。実朝にとっては、自分の居場所が見つけられぬからこそ、もう鎌倉にはいたくない。どこか遠くに行きたいという心境だったのでしょうが。

ます。

御家人の総意で退場する源氏将軍

一方、鎌倉幕府の御家人たちにしてみると「もうあいつは要らない」という認識が、総意になった。実朝の暗殺は、そうした御家人たちの総意があって、行われたことだと思います。

頼家の子、公暁《くぎょう》（一二〇〇－一二一九）が暗殺の下手人であることは間違いない。その公暁に直接、暗殺を示唆したのが三浦氏であることも間違いはない。だから公暁は、実朝の首を持って三浦のところへ帰ってきて、「俺を将軍にしろ」と言った。しかしそうしたら、三浦の兵たちに滅多切りにされて殺された。『吾妻鏡』に書いていることが正しければ、そのときの幕府は「黒幕は誰か？」という捜査を全然やっていないのです。誰が黒幕かということには、踏み込んでもいない。三浦もお咎《とが》めなし。

これは要するに、みなが共同正犯だったのだと思います。御家人たちの「あのような京都べったりの将軍はいらない。消えていただこう」という総意があって、実朝は退場させられた。これほど説得力がある意見はないと思うのですが、定説として通ってはいません。

もし実朝が優秀な人物であったとして、あの段階では、もはや彼個人の努力ではどうすることもできなかった。もし本当に賢い人間であれば、お飾りとして生きるしか道はなかったでしょう。もちろん、その運命を受け入れるか、変えたいとあがくのかは別の話ですが。

実朝については、名君であるかどうかは問題ではない。そうした個人的な資質はもはや問題ではなく、彼は、いるべきところにいないことが問題だった。実朝のような人が鎌倉にいられる状況ではなかったのです。

後の鎌倉幕府の将軍たちは、みなお飾りになります。その中には個人的には優秀な人もいたことでしょう。しかし人間には社会の要請と個人の資質があって、両方が合致しないと大きな仕事はできない。個人の資質が非常に高くても、社会が要請しなくてはただの危ない人になってしまいますし、社会の要請があっても個人がそれに応えるだけの能力がないと痛いことになる。両方が同じベクトルを向いているときにはじめて人間は大きな仕事ができる。そうした人のことを私は他の本で「歴史的人間」と呼んでいます。

実朝は歌人としてあれだけの歌を詠んでいるわけだから優秀な人だったとは思いますが、鎌倉幕府のほうが優秀なトップ、将軍として優秀な人はもう要りませんという状況だった。特に朝廷と深い繋がりを持とうとする人は要りません、平家の時代に戻ってしまうのはごめんです、とそういうことだったのだと思います。要するに彼は、「歴史的人間」になれなかった。

実朝が殺された後、北条政権は摂関家から貴公子を戴いて「摂家将軍」を置きます。意思をもたない王を戴いて、それで政治を行う。王様がある程度の齢になったり、自分なりの意見を言うようになったりすると、そこですげ替える。そして南関東四カ国をしっかりと自分の勢力圏として確保していきつつ、王様を戴くという秩序自体は後世に伝えていくことになります。北条政権とは、そうした政権でありました。

おわりに

晩秋の一日、静岡県の清水で仕事をしました。清水次郎長、で有名な太平洋に面した港町です。駿河に侵攻した武田信玄は、歴代の今川氏が本拠とした駿府には入らず、清水地区に江尻城を築いて支配体制を整備しました。わざわざ「海に生きる武士」を伊勢からヘッドハンティングして武田水軍を新設し、この水域に置きました。よほど海が欲しかったんでしょうね。

仕事は無事に終わり、静岡から新幹線で帰京するために東海道線の普通電車に乗りました。駅は東から清水、草薙、東静岡、静岡。所要時間は十分ほど。時刻は午後三時ごろ。電車自体は何の変哲もない普通のものでしたが、走り出した途端に、私は「え！　え⁉　なにこれ！」と驚くことになりました。車窓に見事な富士山の姿があったのです。

富士山をしっかりと見る。これは旅行者にとっては結構な難事です。雨が降っていればダメ。空気が澄んだ時間帯でないとダメ。山頂付近に雲がかかっていては、何だか台無しな気分。ところがこの電車では、窓いっぱいに、まだ雪が少ししか降り積もっていない富士の姿がありました。私は興奮してしまって、座席を移ったり、ドアのガラスに顔をくっつけたりしながら、富士を堪能したのでした。

ところが、同時に、「あれ？」と私は気がつきました。乗客はまばらでしたが、彼や彼女らは、全然、外を見ようとしていないのです。スマホに目を落として、ゲームをしているのか、記事を読んでいるのか、メールで仕事をしているのか。ともかく富士山など眼中にない。

ああ、もったいない。こんなに美しい風景は滅多に見られるものじゃない。しかもタダですよ。みなさん車窓を見ましょうよ。富士山ですよ、富士山。私はみんなに呼びかけたい気持ちになった。でも、考えてみれば、彼ら彼女らにとって、この状況は日常の一こま。格別珍しいものではないわけです。騒いだら私のほうが不審者になってしまう。なんだか複雑な気持ちでいるうちに、電車は静岡駅に到着しました。

新幹線に乗り換えて、私は思いをめぐらしました。ああ、さっきの場面は、昨今の歴史学の状況にも通じるところがあるのかもしれないな、と。富士山の美しさは、みな知っているし、認めている。でもいつでも見られるから、子どものように車窓に張り付いたりはしない。「今は」スマホのほうが大切だ。

歴史学についても、優先順位の部分では同じことになるのかもしれません。そうだね、あなたが口角泡を飛ばして力説するんだから、歴史学が大切な学びだというところには、まあ同意してもいいよ。けれど、私にはやるべき仕事が他にあるんだ。読みたい本も遊びたいコンテンツもたくさんある。うん。だから、歴史は「今は」いいかな。

私は何の因果か、子どもの頃から歴史が好きでした。『文藝春秋』二〇二一年十二月号の「同級生交歓」に東京都千代田区立麴町小学校の友人とともに紹介していただいたのですが、記事を切れの良い筆致でまとめてくれた福士千恵子さん（読売新聞初の女性役員。現在は読売日本交響楽団理事長）によると、当時の私は机を叩きながら「摂政だっ関白だっ」と自作ソングを歌う、へんな子どもだったそうです（私はまったく憶えがない）。

私にとって歴史は仕事ですが、同時に宝箱、かつ、びっくり箱。ほら、ここにこんな面白い話がありますよ。聞いて聞いて、この人の人生は波瀾万丈で、事実は小説よりも奇なりを地で行ってますよ。歴史学が衰退に向かっている学問であることは疑いようがないわけですが、それならなおのこと、研究室に閉じこもっていないで、歴史の楽しさ、面白さをみなさんに伝えていこう。私はそんなことを考えて活動しているわけです。

福士さんはこう書いてくれています。「さまざまな媒体でわかりやすく面白く歴史を語る『本郷先生』を見かけると、いつも思う。人間は変わらない。そして、好きなことをまっすぐに追求できるのは、何という幸せか」。うーん。学問的な出世とか、高額な報酬とかとは縁がないんだけどねえ。でもまあ、幸せだよなあ。確かに。

だからせめてもの社会への恩返しとして、「歴史は面白いですよ」って、これからもずっと発信していこう。私はそう思っています。求めがあれば、手を替え品を替え。たとえ、乗客が誰も振り向いてくれなくても。

本郷和人

二〇二一年十二月

編集協力　堀田純司

河出新書 045

鎌倉殿《かまくらどの》と13人《にん》の合議制《ごうぎせい》

二〇二二年一月三〇日　初版発行
二〇二二年六月二〇日　4刷発行

著者　本郷和人《ほんごうかずと》
発行者　小野寺優
発行所　株式会社河出書房新社
〒一五一－〇〇五一　東京都渋谷区千駄ヶ谷二－三二－二
電話　〇三－三四〇四－一二〇一［営業］／〇三－三四〇四－八六一一［編集］
https://www.kawade.co.jp/
マーク　tupera tupera
装幀　木庭貴信（オクターヴ）
印刷・製本　中央精版印刷株式会社

Printed in Japan　ISBN978-4-309-63141-7

考える日本史

本郷和人
Hongo Kazuto

「知っている」だけではもったいない。
なによりも大切なのは「考える」ことである。
たった漢字ひと文字のお題から、
日本史の勘どころへ——。
東京大学史料編纂所教授の
新感覚・日本史講義。

ISBN978-4-309-63102-8

河出新書
002

日本史 自由自在

本郷和人
Hongo Kazuto

日本史とは何か、何のためにあるのか。
考えれば考えるほど日本史は奥深い。
たった漢字ひと文字のお題から、
日本史の勘どころへ――。
東京大学史料編纂所教授の
新感覚・日本史講義、第2弾！

ISBN978-4-309-63116-5

河出新書
015

日本史の法則

本郷和人
Hongo Kazuto

日本は一つ、ではない。
歴史も一つ、ではない。
日本の歴史は、ぬるい……
この国の歴史はこういうふうに動いてきた!
研究生活40年を経て辿り着いた6つの法則とは?
本郷日本史の集大成。

ISBN978-4-309-63137-0

河出新書
036

アメリカ

橋爪大三郎　大澤真幸
Hashizume Daisaburo　Ohsawa Masachi

日本人はアメリカの何たるかを
まったく理解していない。
日本を代表するふたりの社会学者が語る、
日本人のためのアメリカ入門。
アメリカという不思議な存在。
そのひみつが、ほんとうにわかる。

ISBN978-4-309-63101-1

河出新書
001

歴史という教養

片山杜秀
Katayama Morihide

正解が見えない時代、
この国を滅ぼさないための
ほんとうの教養とは——?
ビジネスパーソンも、大学生も必読！
博覧強記の思想史家が説く、
これからの「温故知新」のすすめ。

ISBN978-4-309-63103-5

河出新書
003

一億三千万人のための『論語』教室

高橋源一郎
Takahashi Genichiro

『論語』はこんなに新しくて面白い！
タカハシさんによる省略なしの
完全訳が誕生。
社会の疑問から、人間関係の悩み、
「学ぶこと」の意味から「善と悪」まで。
あらゆる「問い」に孔子センセイが答えます！

ISBN978-4-309-63112-7

河出新書
012

一日一考　日本の政治

原 武史
Hara Takeshi

毎日ひとつ、366人の言葉から
この国の政治とは何かを考える。
政治家や研究者のみならず、
作家、宗教家、無名の庶民まで。
歴史の深い闇に埋もれた言葉の数々は、
私たちの日常を読み解く鍵となる。

ISBN978-4-309-63133-2

河出新書
032